W0203279

LE GOÛT DES MOTS

UNE COLLECTION DIRIGÉE PAR PHILIPPE DELERM

LES MOTS QUE J'AIME

Pour leur sens, leur sonorité, et le plus souvent pour le rapport de la musique avec l'idée, de la cadence avec l'imaginaire. Les mots que j'aime. Pour le pouvoir qu'ils ont sur moi, et pour l'écho que je leur donne. Les mots qui touchent, ceux qui font sourire. Et ceux que je déteste, quelquefois. Des personnalités reconnues pour leur amour de la langue livrent ici beaucoup de leur être le plus secret en voyageant en toute liberté avec les mots qui leur ressemblent.

Ph. D.

Autrice-compositrice-interprète, Jeanne Cherhal s'est fait connaître dans les années 2000 avec ses chansons pleines d'audace, d'humour et de profondeur. Devenue un nom incontournable de la scène musicale française, elle a signé six albums, dont *Douze fois par an* (2004, Tôt ou tard), *Histoire de J.* (2014, Barclay) et *L'an 40* (2019, Barclay).

à mon ami des îles

Cocotier

Comme une madeleine, le mot *cocotier* convoque en moi le souvenir d'un dessin animé des années 1980, dans lequel deux petits bonshommes se disputaient la place de chef à la cime d'un cocotier. La chute de chaque épisode était toujours la même : à court de borborygmes et d'astuces pour s'entre-tuer, les deux petits bonshommes, ayant plus ou moins détruit l'objet de leur convoitise, apercevaient miraculeusement un nouveau cocotier à annexer et, dans un cycle sisyphéen, semblaient prêts à tout recommencer. C'est d'ailleurs ce qui se passait le lendemain, à la même heure. Le soleil se couchait, une guitare hawaïenne concluait le tableau et le mystère planait quelques instants. Ce cocotier était absurde, mais il me paraissait appartenir à un monde parallèle qui me fascinait.

J'adorais ça. Comme tous les gamins, j'adorais percevoir par bribes un sentiment d'infinitude, que je n'ai jamais retrouvé depuis. Vers trois-quatre ans, je me laissais aller à imaginer ce que les mots *toujours* et *partout* pouvaient représenter, et parfois je sentais quelque chose… Puis j'ai perdu l'habitude, et à cinq ans je suis devenue terre à terre. Mais à quatre ans, d'un simple cocotier, je tirais une expérience intérieure vertigineuse. Ces deux êtres flasques, condamnés jour après jour à reconduire leur inlassable conquête de l'arbre, me remuaient. Évidemment je passais ensuite très vite à autre chose, préoccupée par l'iroquoise dont j'avais affublé ma fausse Barbie d'un coup de ciseaux, ou par ma petite sœur que j'aimais beaucoup cacher dans un placard.

Ce genre de bêtise me valait quelques remontrances bien senties, et si j'allais jusqu'à la bêtise suprême – casser un objet ou provoquer une saleté à base de nourriture ou de feutre indélébile –, mon père, qui était pourtant d'une remarquable réserve, jouait son va-tout en prononçant cette terrible sentence : « Et voilà ! T'as gagné l'cocotier ! »

Sortie de nulle part, cette tendre menace m'allait droit au cœur. J'avais gagné le cocotier et maintenant, qu'allait-il m'arriver ? Tendue de peur et d'excitation contenues, j'attendais.

J'attends toujours.

Ouvrier

Dans la plupart des formulaires administratifs, on trouve à la rubrique *profession* un certain nombre de cases censées représenter la diversité de la société française : chez nous, on est agriculteur, artisan, chef d'entreprise, cadre, profession intermédiaire (entre quoi et quoi, ça reste à définir...), retraité ou employé. Pour ma part, n'étant jamais parvenue à me ranger correctement dans la nomenclature des catégories socioprofessionnelles susmentionnées, je coche *autre*. C'est flatteur, franchement. Pourquoi pas *divers*, tant qu'on y est ? Voire *suspect ? Indéfini ? Louche ? Accessoire ? Vain ?* Bon. Passons. Je suis *autre*, soit. Pourtant la case qui attire toujours mon regard et pince doucement mon cœur, c'est *Ouvrier*.

À mi-chemin entre *œuvre* et *ouvrir*, ce qui est déjà en soi une promesse de lendemains meilleurs, *ouvrier* possède l'irréductible puissance des termes de la lutte. Être ouvrier, c'est être un combattant, mais c'est aussi être un soldat. Qu'on le considère sous n'importe quel angle de son existence, l'ouvrier se bat.

Mon père devint plombier à l'âge de seize ans, et quand j'étais à l'école primaire, l'intitulé exact de son travail était : *agent technique détaché employé à la Compagnie générale des eaux*. Ça claquait. C'était cependant beaucoup trop long pour entrer dans la case *profession du père* des formulaires qu'il m'arrivait de remplir pour telle ou telle activité, alors il m'avait confié ce précieux raccourci, humble et élégant : « Tu t'embêtes pas, tu mets Ouvrier. » L'ouvrier, le vrai. Celui qui bosse, qui met les mains dans le cambouis, qui s'élève contre le patronat. Celui qui n'a pas peur de se salir, qui porte un bleu, qui est syndiqué. Celui qui aspire à du mieux, mais qui fait avec ce qu'il a et, bien sûr, celui qui l'ouvre !

Bien calées au fond de la R9 pour partir en congés payés, nous couvrions mes sœurs et moi la voix d'Alain Souchon sur la plage six de la cassette dans l'autoradio : « Arlette it be, Arlette's go[1] ! » Une chanson pour les filles d'ouvrier.

1. Alain Souchon, *Arlette*, 1993.

Merde

Vous êtes chanteur, acteur ou plus simplement : *autre*[1]. La soirée qui s'annonce repose entièrement sur vous. Vous avez un trac sans précédent, l'enjeu est de taille car c'est la première, le public est nombreux, vous avez les mains moites, la tremblote et la flore intestinale en berne. Bref, c'est chaud.

Qui s'impose comme le remède indispensable à cet état critique et vous sera murmuré à l'oreille avec une pression sur l'épaule ? *Merde*.

Vous êtes en pleine tâche domestique. Vous coupez une gousse d'ail menu. Vous refermez de quelques points minutieux une légère déchirure de tissu en essayant d'éviter de créer un bourrelet disgracieux. Vous faites bouillir de l'eau dans

1. Voir « Ouvrier ».

une petite casserole sur un gros feu. Soudain, le faux pas, le mauvais geste, la maladresse. Votre première phalange est coupée, votre deuxième piquée profond, votre avant-bras ébouillanté.

Qui est là, au garde-à-vous comme un bon petit soldat-réflexe, chuchoté dans un souffle sec ou hurlé à pleine gorge selon que le mal ressenti est plus ou moins aigu ? *Merde*.

Vous terminez des courses fastidieuses dans une grande surface bondée. Chaque article choisi a été scrupuleusement présenté au décrypteur de codes-barres. Vos sacs recyclables sont pleins, c'en est bientôt fini de votre incursion laborieuse dans cette immense jungle ordonnée. Vient le moment de payer pour tout ça et l'effroi vous saisit. D'un seul coup votre crâne est parcouru de mille aiguilles microscopiques et votre cœur s'accélère : vous n'avez pas votre carte bleue. Et sans les seize chiffres concentrés sur douze centimètres carrés de plastique, vous pouvez dire adieu ou, au mieux, à plus tard à votre carrosse chargé de victuailles, puisque vous avez mis au rebut tout autre mode de paiement, accroché que vous êtes à la dématérialisation.

Qui va canaliser en un instant le sentiment abyssal que, décidément, vous avez une vie de merde ? Nul autre que *merde*.

Cher *merde*, reçois toute la reconnaissance du monde. Accepte cet hommage sincère, *merde* adoré, pour ta présence indéfectible et désintéressée dans les moments les plus irritants de l'existence. C'est vrai, *merde* : tu es toujours là quand on a besoin de toi. Merci *merde*.

Bon bien

Avec mon ami des îles, je cultive un tic de langage qui nous fait rire autant qu'il nous évite bien des périphrases. Vouant un véritable culte à la figure d'Alain Delon que nous appelons entre nous AD, nous réécoutons de temps en temps, si l'un de nous fait l'effort de traverser deux océans pour honorer l'autre de son amicale présence, l'interview qu'AD accorda à Jacques Chancel en 1988 dans son émission *Radioscopie*. Collection de perles mégalomanes et inspirées, cet entretien figure en très bonne place dans mon ipod, classé sous le titre « Delon, un homme », et illustré par une photo d'exploitation des *Aventuriers*, sur laquelle il est à tout jamais le plus bel homme du monde.

Il serait trop long de dresser la liste exhaustive de mes deloneries favorites, mais me reviennent spontanément en mémoire : « J'ai un œil tout à fait exceptionnel », « les petits les obscurs », « J'eus sûrement été un excellent pianiste », « Alain Delon, homme de cinéma », « Je cherche et des gens cherchent pour moi », ou encore « Ma mère est très caractérielle », chacune de ces expressions provoquant chez moi une vraie jubilation. Mais au-delà de ces fulgurances, AD me bouleverse avec deux mots très brefs qu'il emploie sans restriction – le sait-il lui-même ? – et qui donnent à ses paroles des allures de sentences définitives : Bon bien.

Ce *Bon bien*, estampillé Delon, tout comme son regard (bleu delon), son arcade sourcilière, sa silhouette statufiée, sa divine façon de mourir à l'écran et son léger accent parigot font de moi une delonienne inconditionnelle.

Bon bien peut exprimer l'agacement (« Je t'attends ! Bon bien »), l'admiration (« Elle a fait quarante fois l'Olympia. Bon bien »), la pudeur des sentiments (« Je suis assez contente de te retrouver. Bon bien »), le dépit (« Je l'ai écouté une fois et je vais le jeter. Bon bien »), une certaine modestie (« Je viens d'écrire ça. Bon bien »), et beaucoup d'autres choses encore…

À l'écrit comme à l'oral (il faut alors le dire très vite et très sèchement), cette merveilleuse locution nous comble, mon ami des îles et moi, par sa vaillance tout-terrain, son incomparable pouvoir suggestif et son double B, qui claque comme le solide aller-retour d'une main droite sur l'endroit de son choix. Bon bien !

Sexy

Il n'est ni joli, ni gentil, ni mignon. Il n'est pas vraiment beau, pas forcément agréable et loin d'être parfait. On ne peut pas dire qu'il ait la classe, ni qu'il soit d'une grande poésie. Pour autant il n'est pas vulgaire, ni grossier et encore moins fadasse. Jamais timoré, jamais indécis. Au contraire, il est direct, entier, et par-dessus tout : sulfureux. Il pourrait être l'Asia Argento des mots.

On ne le sonne pas pour faire dans la demi-mesure ou la tiédeur. Pour ça, il y a *sympa*. Quel niais, celui-là. « C'était sympa votre concert. » Pitié, non ! Pas ça. Je préfère encore « c'était très chiant ». Enfin non, je mens, je préfère « c'était très bien », mais « c'était sympa », halte-là ! Frissons d'angoisse et cri d'effroi. Un cri d'effroi que je réprime, bien entendu. Comment le justifier auprès de quelqu'un qui vient vous dire, avec son sourire et sa bonne foi, que ce que vous venez de donner (comme on livre son cœur en pâture devant une fosse aux lions) était sympa ? Il ne comprendrait pas, et vous placerait, sur une échelle de 1 à 10, de *légèrement dérangée* à *espèce de folle dotée d'un considérable melon* suivant sa propre appréciation. Un peu de tenue, donc. Mais *sympa*, très peu pour moi.

Celui qui nous intéresse est bien plus sombre, et en plus il brille dans la nuit. Il est tellement irrésistible qu'on serait prêt à l'inculper pour fumage. Quatre lettres lui suffisent pour planter de lourdes tentures pourpres et tamiser la lumière : un S qui promet en ondulant doucement, un E modeste et délicat posé là comme une plume de paon, un X explosif qui envoie tout en l'air et un Y débridé qui s'allonge en finale gracieuse sur le bas-côté, repu.

Il convient de ne pas le galvauder, de ne pas en abuser, au risque de lui faire perdre un peu de son aura brûlante. Une chanson peut l'être, une allure, une parole, une attitude, un geste, une danse, un film, un mot, un regard même… Mais il reste indéfinissable. Il attire, il envoûte, il éveille les sens et fouette le sang, mais on ne sait pas trop pourquoi. Et ça, c'est sexy.

Cheval

Le cheval, le cheval, le cheval, le cheval.

Pour peu qu'on le martèle quatre fois avec conviction, on le verra galoper. La silhouette de *cheval* s'élance, souple et précise, avec la régularité d'une machine, sans hésiter, sans ralentir ni accélérer.

Cheval s'ouvre sur la finesse de *cheveu* et se referme sur la puissance de *mâle*. Force délicate, virilité gracieuse, *cheval* pourrait être un idéal masculin.

Petite, je fantasmais gentiment sur le « facteur cheval », dont le nom m'avait un jour attiré l'oreille et sur lequel je construisais quelques innocentes rêveries. En secret, j'imaginais un beau facteur doté d'une musculature chevaline qu'il lui fallait cacher. Il avait la peau recouverte par endroits d'un somptueux pelage roux, des sabots habilement dissimulés dans des bottes de cuir et une crinière ramenée en queue-de-cheval (évidemment) à l'arrière de son crâne d'homme.

Ce centaure des PTT était à coup sûr un objet de désir et de convoitise chez pas mal de dames qui, chaque matin, attendaient en frémissant qu'il vînt les honorer en s'introduisant dans la fente de leur boîte aux lettres lors de sa tournée quotidienne.

Bien plus tard j'ai découvert qui était le vrai Facteur Cheval, et la simplicité de ce petit bonhomme autant que son impressionnante créativité m'ont touchée (il était quand même moins sexy que prévu). En visitant son Palais onirique et foutraque, j'ai constaté à quel point son nom de famille amusant, naïf, terrien, était devenu une référence absolue de l'art brut. Un nom qu'on n'oublie pas !

Il y a quelques années, un peu perdue dans une soirée où je me félicitais assez bêtement de pouvoir enchaîner un nombre intéressant de mojitos au prétexte qu'ils étaient tous différents (qui avec une larme de vodka, qui une pointe de grenade, qui une cuisse de poulet ou que sais-je), un jeune homme s'approcha de moi en hurlant (sans animosité, mais pour couvrir le fond sonore) : « Bonsoir ! Vous êtes Anne Cheval ? Je peux avoir un autographe ? » Je m'exécutai avec joie bien sûr et griffonnai sur le bout de papier qu'il me tendit : *Amicalement, Anne Cheval.*

Je fis l'erreur de raconter, hilare, cette anecdote à mes camarades de mojitos, si bien qu'avec le temps ce joli surnom m'est plus ou moins resté. J'assume.

Menthe

J'ai un faible pour le monde fantastique des homonymes. Une fascination pour la capacité qu'a le cerveau humain de comprendre immédiatement de quoi il est question en entendant *mer* dans une phrase, sans penser *maire*, ni *mère*, ni *merde* (normalement).

Lors d'un séjour à Hanoï, un jeune étudiant m'avait expliqué dans un français étonnamment fluide qu'en vietnamien la pratique de l'homonymie était poussée à son paroxysme (je m'étais au passage ratatinée de honte en comparant son invraisemblable maîtrise du français, qu'il n'apprenait que depuis un an, au niveau ridicule de mon anglais parlé, moi qui l'ai pourtant laborieusement potassé pendant sept ans…). Ce brillant étudiant m'avait donné deux-trois rudiments de vietnamien en insistant sur le phonème *ma*, qui, grâce à pas moins de six intonations, peut désigner aussi bien du riz à l'état de jeune pousse (c'est pointu !) qu'un cheval, ou ta mère, suivant qu'on le prononce avec telle ou telle hauteur de glotte. Ahurie par tant de subtilité, j'avais aussitôt abandonné mon apprentissage du vietnamien en lui disant que j'étais bluffée, ce qu'il n'avait pas compris (encore heureux, après un an de français).

La langue française au contraire ne présente que peu d'accent tonique, c'est d'ailleurs une des raisons pour lesquelles survit ce vieil adage populaire : « Elle ne swingue pas ! » Peu d'accent tonique certes, mais de l'homonymie à foison. Vert, teint et autres mets, madame est servie.

Ma préférence va à *menthe*. Impossible de lire *menthe* sans en éprouver la fraîcheur jusque dans les tempes et sans qu'apparaisse l'espace d'un instant un subliminal buisson anarchique de branches velues, qui grandit tranquillement au fond du jardin. Avec *mante*, *mentent* ou *Mantes*, il n'en est rien, d'où mon questionnement récurrent au sujet des aventuriers de l'orthographe, qui font fleurir des fautes si insolites qu'ils paraissent écrire en phonétique : à quoi ressemble donc leur paysage intérieur ?

De tous ses homonymes, *menthe* est largement le plus fort en goût et le plus élégant, avec son H délicatement placé. Ses deux E, aussi discrets et distingués que deux lords anglais, lui confèrent une douce humilité à peine relevée par la coquetterie du H. *Charming*. Enfin, petit plaisir supplémentaire, *menthe* évoque pour moi la réponse assez singulière d'un barman rodriguais à qui nous commandions, mon ami des îles et moi, deux mojitos : « Impossible. Y a plus de menthe sur Rodrigues. » Plus une feuille. Plus une.

Ramasse-bourrier

Il est bourru, pataud, mal dégrossi. On est assez peu nombreux à le connaître et encore moins, il me semble, à l'employer. En clair, le ramasse-bourrier concerne une menue parcelle du Grand Ouest ; disons la Loire-Atlantique, et encore, pas le Sud-Loire. C'est l'apanage du pays où j'ai grandi, le pays de la Mée.

La Mée, terre du milieu qui échappe à tout découpage administratif, s'étend de Soulvache à Candé (en gros) et diffuse son actualité dans une publication hebdomadaire sobrement intitulée *La Mée socialiste* – pas d'ambiguïté.

Dans mon pays on utilise donc quotidiennement ou presque un ramasse-bourrier, on griffonne avec un crayon de bois et on laisse fondre un sucre en pierre dans son café.

Le bourrier, autrement dit le tas de poussières et de miettes accumulé par un balai dans le coin d'une pièce, attend son heure. Le ramasse-bourrier, comme son joli nom l'indique, recueille cet amas de saletés : c'est une pelle, ni plus ni moins. Notons qu'à *recueille*, *range* ou *jette*-bourrier, on aura préféré l'élégante injonction *ramasse*, avec toute sa fatigue inhérente. Raaah… Masse. Le poids de la tâche à accomplir est contenu dans le gras du verbe, si on veut.

Autant dire qu'on n'a pas vraiment envie de l'aimer, ce ramasse-bourrier. Et c'est probablement pour cette raison que j'y suis si attachée. Comme on l'est à un chien borgne au pelage croûté plus qu'à un épagneul tellement sain qu'il fait faux. Enfin je suppose, je ne suis pas très chien.

Quoi qu'il en soit, j'éprouve un plaisir terroir à l'utiliser – je parle du mot –, particulièrement quand je suis certaine que personne ne saura de quoi il s'agit (*un quoi ?*) : à peu près tout le temps, à vrai dire. Je me sens alors appartenir à la secrète confrérie des utilisateurs de ramasse-bourrier et parfois, quand un frère me comprend, nous échangeons brièvement un regard de reconnaissance, comme le feraient deux francs-maçons sous le sceau de la discrétion.

Jambonneau

Mémère Jannault, ma grand-mère adorée, avait une sœur aînée, Tante Colin. J'ignore quelle obscure tradition familiale nous a un jour imposé d'accoler le patronyme d'une personne à son rang dans la lignée, mais de fait, j'ai eu pour grands-parents Pépère et Mémère Cherhal du côté de mon père, Pépère et Mémère Jannault du côté de ma mère et, par extension, Tante Colin (c'est peut-être une coutume locale du pays de la Mée).

Mes sœurs et moi connaissions peu Tante Colin et nous ne savions d'elle que quelques anecdotes faciles à retenir : enfant par exemple, elle partageait parfois un œuf à la coque avec ma grand-mère pour tout dîner (ce tableau de grande misère nous faisait frémir).

Adulte, elle s'était mise à consommer quotidiennement des dizaines de médicaments, étant sujette à des maladies chroniques et cocasses qu'elle aimait détailler par le menu à Mémère Jannault au téléphone – habitude qui amenait mon grand-père à apporter près de la niche téléphonique un petit tabouret à sa femme, en accompagnant son geste d'une implacable prophétie : « Elle nous enterrera tous ! »

Il en fut ainsi. Tante Colin enterra son mari (Tonton Colin), son beau-frère (Pépère Jannault) et sa sœur Odile (Mémère Jannault) avant de trépasser elle-même bien des années plus tard.

Lorsque Tonton Colin mourut, on veilla le mort à domicile. Il resta probablement deux ou trois jours sur son lit réfrigéré, dans le salon où il avait l'habitude d'enfiler ses charentaises, et l'ensemble de la famille vint assister Tante Colin dans son frais veuvage. J'étais enfant, mais la mort n'a jamais été un tabou à la maison, alors j'accompagnai ma mère chez son défunt oncle pour le veiller, c'est-à-dire nous asseoir un moment sur des chaises en osier autour du lit de satin glacé. Il ne régnait pas de silence pesant dans le salon, on parlait, certes sans vivacité mais sans désespoir non plus.

Depuis la cuisine, où elle jouissait stratégiquement d'une vue directe sur son mari tout en accueillant les visiteurs, Tante Colin proposait gâteaux secs et verres d'eau avec le flegme trapu d'un Bouddha hôtelier. Soudain, divinement inspirée, elle balança une punchline de maître, à laquelle je voue depuis un véritable culte, et qui me revient immédiatement en tête, voire aux lèvres, dès lors qu'il est question de viande froide et/ou de veillée funèbre :

« Y en a-t-y qui veulent du jambonneau ? »

Vous

Certains estiment que la simplicité du *you* anglais est un atout : les Britons ne s'embarrassent pas avec des ronds de jambe, au moins. C'est *you* pour tout le monde.

« Est-il bien nécessaire / de me dire vous plutôt que tu, / Si c'est pour par derrière / me botter le cul ?[1] », chante Camille avec grâce et raison.

Il est vrai que le vouvoiement peut parfois ressembler à une afféterie inutile ou une distance froide, mais malgré cela, de temps en temps je kiffe le *vous*.

Au-delà du *vous* administratif ou du *vous* de service, le vouvoiement offre une chaleur d'alcôve, une légère prise de hauteur à l'heure où tout le monde se tutoie en s'appelant « gros », interjection

1. Camille, *Vous*, 2005.

que j'adore par ailleurs, l'un n'empêchant pas l'autre.

Passer du vouvoiement au tutoiement en une soirée ou au bout de cinq minutes, je trouve ça merveilleux, émouvant même. Quand le tutoiement est immédiat, on rate un truc : le moyen de se prouver que la vibration, à un moment, est passée entre nous (ou alors qu'on est tellement aviné qu'il n'y a vraiment plus de *vous* qui tienne). Ah je fais des chichis… Mais j'assume mes chichis.

Avec *tu*, la conversation s'accoude à une table en Formica, le soleil traverse la fenêtre, et des makis du coin de la rue se serrent les uns contre les autres dans leur petit radeau de plastique.

Avec *vous*, la table est en chêne massif, on aura tendu un rideau mine de rien, et le dialogue ressemblera plutôt à des œufs brouillés aux truffes/jambon de Parme/salade.

Avec *tu*, on parle comme ça vient, l'important étant, pour faire vite, plutôt le signifié que le signifiant.

Avec *vous*, le niveau de langage monte naturellement d'un cran et il est alors tout à fait élégant de lâcher, excédé : « Non mais là, vous m'emmerdez ! »

Avec *tu*, on va droit au but, on se plaît, on se le dit et on verra bien.

Avec *vous*, l'incertitude demeure, la température augmente imperceptiblement, le message est d'autant plus excitant qu'il est contourné...

On l'aura compris, de temps en temps je kiffe le *vous*.

Un jour, alors que j'entendais un homme demander à son épouse, sur le pas d'une porte : « Arielle, j'y vais ? Je vous attends ? », j'interrogeai celle-ci en douce : « Vous utilisez toujours le *vous* au quotidien ? » Et elle me répondit, mystérieuse : « Toujours. Mais quelquefois il me tutoie, et alors c'est délicieux ! »

Ah le charme du *vous*, lorsqu'il est dévoyé...

Gros

De même que mon grand-père maternel, Pépère Jannault, nous appelait mes sœurs et moi ses *petites saloperies* avec un amour vrai, j'ai élaboré, pour exprimer mes sentiments profonds avec pudeur, un panel intéressant de petits noms légers. Ainsi, je m'autorise à dire aux personnes aimées que je les aime, puisque la charge émotionnelle de mon message est alors contrebalancée par le petit nom léger. On fait ce qu'on peut.

À mes amis les plus proches je donne volontiers du *vieille branche*, *vieille carne*, *mon vieux*, *mon grand machin* ou *ma sorcière*. Ils ont accepté cet étrange travers et me le rendent bien. Je passerai rapidement sur le champ lexical de la décomposition corporelle dont nous nous gratifions mutuellement ma sœur et moi (mais j'y reviendrai), et ne ferai qu'évoquer l'un des nombreux surnoms dont je couronne mon ami des îles, mon *bœuf dalon*, en référence aux bêtes de somme allant toujours par deux dans les travaux des champs, en créole réunionnais. Bien.

Au dernier palier de cet échafaudage de tendresse, il y a le mot ultime. Le mot qui n'est dit qu'à un seul être, qui ne désigne que lui et qui n'appartient qu'à la microsphère du binôme formé avec lui. Ça ne rigole pas. Je n'ai jamais été à l'aise avec les mots d'amour, les *chéri*, les *mon cœur*, les *bébé*, les *chaton*. À la limite *ma bique*. Ou *mon rat*. Attention, je ne porte pas de jugement sur l'usage que d'aucuns en font : c'est vertigineux de beauté d'appeler quelqu'un *mon amour*, quand on y pense. Ça n'est pas mon penchant naturel, c'est tout.

Pour moi, le mot ultime, c'est *gros*. Et sa réciproque, qui m'est attribuée en retour. Pas *grosse*, non. *Gros*, pareil. C'est plein, *gros*. C'est rond, ça déborde, c'est bref, c'est un tout. C'est le cœur, le corps, la tête, le passé et le futur. Et puis ça peut toujours inspirer une chanson d'amour originale.

Cercle

C'est un mot énigmatique. Il est si délicat qu'il s'offre à l'oreille en corolle pour se replier aussitôt sur lui-même en opérant un rapide tour de clef, ni vu ni connu. Il est à la fois ouvert et fermé, vide et plein, généreux et réservé, accueillant et secret ; l'idéal étant d'en faire partie sans pour autant s'en vanter. Appartenir au premier cercle, au cercle des initiés, c'est avoir une légère longueur d'avance sur les autres diamètres. Inutile de chercher une alternative à *cercle*, sa vertu souveraine s'anéantirait d'elle-même si l'on parlait par exemple du *Rond* des poètes disparus.

Au-delà de son mystère, c'est la plénitude de *cercle* et la perfection de sa géométrie qui m'attachent à lui. On pourrait l'opposer à *triangle*, qui est si désagréable en bouche, puisqu'il évoquera aux esprits les plus vicelards (dont le mien) un crachat suivi d'un étranglement. Base au sol et pointe en haut, le triangle hiérarchise, classe, soumet, organise et domine. Merci bien ! Le cercle, au contraire, rassemble, unifie, harmonise, équilibre et caresse. Envisager le monde à l'aune du cercle pourrait bien être un futur possible, une tentative salutaire de repousser l'effondrement… Mais d'où vient ce ton professoral ? J'ai soudain des picots de honte qui me parcourent les bras, tant la solennité de ce que je viens d'écrire m'agace ! Suffit.

L'autre jour j'écoutais Gloria Steinem, cette immense militante féministe américaine, parler du combat de sa vie et, au milieu de l'interview, elle fit justement (de manière bien plus poétique et prophétique que j'ai vainement tenté de le faire) cette analogie entre géométrie et philosophie. Je la cite : « Nous cherchons à créer une société qui serait un cercle, pas une pyramide[1]. » « Nom d'un chien galeux, me suis-je laissée aller à jurer comme un vieux maréchal-ferrant, c'est qu'est-ce que je voulais dire ! » La pyramide est l'exact opposé de la figure enveloppante du cercle ! Limpide. Pour Gloria Steinem, les hommes cherchent depuis toujours à dominer la Nature comme ils cherchent à dominer les

1. *La Poudre*, épisode 56, Gloria Steinem interviewée par Lauren Bastide, Nouvelles Écoutes, 2019.

femmes : dans un mouvement de hiérarchie, qui est, lui, tout à fait contre-nature.

Galvanisée par ce que je venais d'entendre, je me suis mise alors à divaguer en toute impunité, les yeux perdus dans le plafond lépreux : être humain, n'est-ce pas être reliés les uns aux autres par la rondeur de la Terre, le cycle des saisons, le mouvement des marées, les tourbillons du vent, les entrelacs des forêts et la course circulaire des nuages ? N'est-ce pas faire corps avec la nature, comme on entoure de ses bras un enfant ou un tronc d'arbre, et non pas se situer, petit bonhomme prévisible et dévastateur, au sommet d'une pyramide en prétendant tout posséder ? Être humain finalement, n'est-ce pas tout simplement faire partie du Cercle ?

Charogne

ah ! ah ! ah !

Tout est source d'inspiration. Absolument tout. Le glouglou lancinant d'une tuyauterie, une petite boîte en fer, les mains d'une femme dans la farine, un simple caillou, un crabe ou la mort. Tout peut être inspirant (et par définition, tout peut aussi ne rien inspirer du tout). D'un cadavre en putréfaction Baudelaire a su tirer un incroyable poème, un tableau sensoriel d'une intense volupté littéraire, excitant mais répugnant, divin mais franchement abject, auquel je pense souvent.

Une bête crevée (ou est-ce un corps humain ?) pourrit au soleil sur le bas-côté de la route. Alors qu'il passe devant pendant sa balade digestive, Baudelaire s'arrête et, sans même un haut-le-cœur, entreprend de décrire la chose. Résultat : un envoûtement.

Aux remous langoureux des larves dans le ventre de la carcasse, on jubile. À la puanteur exceptionnelle, on se pâme. Aux nuages de mouches noires, on exulte. Mais lorsqu'il profite de cette lubrique apparition pour rappeler à la jeune personne dont il est flanqué que, toute fraîche et raffinée qu'elle est, elle finira un jour dans le même état sous les assauts répétés de la vermine, on atteint carrément l'extase. N'est-il point homme vaillant sur cette terre pour me chuchoter de tels mots doux à l'oreille ?

Ce merveilleux poème a évidemment un titre à la hauteur des sensations qu'il procure. « Un cadavre » aurait fait fade. « Une dépouille », un peu trivial. « Un macchabée », légèrement snob et « Des restes », assez pingre. Non. Le titre idéal était sans conteste « Une charogne[1] ». Tout est repoussant dans ce mot. Le *cha* est affligeant de banalité, comme un couvercle de poubelle qu'on soulève sans volonté, et le *rogne* est petit, griffu, fermé, grignoté, rabougri, telle une croûte de fromage rassis exsudant sa dernière huile sur une toile cirée. L'ensemble tient à la fois de l'écœurant et du desséché, c'est fabuleux ! Inutile de lui ajouter « Crève ! », comme on entend parfois : « Crève,

1. Charles Baudelaire, « Une charogne », *Les Fleurs du mal.*

charogne ! », c'est redondant, et une vraie charogne se suffit à elle-même.

Avec ma sœur, qui est une esthète, nous avons fait de *charogne* notre insulte préférée. Me revient d'ailleurs en mémoire ce récent échange de toute beauté :

« D'où tu sors cette jupe de grunge, espèce de charogne ?

– Mais c'est toi qui me l'as donnée, pourriture ! »

De l'art délicat de la sororie.

Sorcière

Quelques mois après avoir écrit ce texte sur *sorcière*, j'ai eu le bonheur de me plonger dans le livre de Mona Chollet, *Sorcières, la puissance invaincue des femmes*[1]. Personne, je crois, n'a su mieux exprimer ce que représente ce mot, et j'ai été tentée de le rayer de ma liste en me disant « Petite sotte, tout a déjà été dit cent fois mieux que toi, tiens-t'en à tes *ramasse-bourrier* et autres *charogne*, sur *sorcière* tu ne livreras que redites et bla-bla de seconde main. » Je suis parfois impitoyable. Cependant, une seconde réflexion un rien plus tendre me traversa ensuite et j'arrivai alors à ce raisonnement : « Petite sotte (j'ai une certaine constance tout de même), si tu n'osais

1. Mona Chollet, *Sorcières. La puissance invaincue des femmes*, La Découverte, « Zones », 2018.

plus aborder aucun sujet déjà abordé, tu ne ferais pas grand-chose ma fille. Alors reprends ta copie et cesse de pleurnicher. » Je ne pleurnichais même pas, mais comme on le sait, je suis impitoyable. Dure. Cruelle. Alors voilà.

La sorcière est libre, indépendante, à l'écoute d'elle-même et des éléments qui l'entourent au point de les apprivoiser. Elle est sulfureuse, extravagante, secrète, excitante, intelligente. Elle change le plomb en or et se réinvente sans cesse. La sorcière effraie car elle détient une connaissance aiguë des choses, des gens et parce qu'elle comprend tout. Elle impose le respect par le danger qu'elle représente, et pour cette même raison, elle attire.

À l'aune de ce portrait, la sorcière prend les traits d'Isabelle Huppert, PJ Harvey, Cindy Sherman, Sophie Calle ou Barbara. Probablement.

La première de ma vie fut Françoise Hardy, « vêtue de robes noires et ne pouvant vivre que le soir », dans l'indépassable conte musical de Philippe Chatel, *Émilie Jolie*. Hardy en sorcière, il fallait y penser. Elle interprète ce rôle avec une telle grâce que, sans oser l'avouer, c'est à elle que je m'identifiais dans l'histoire. Son mystère et sa noirceur représentaient un piège dans lequel il était doux de tomber en tremblant un peu. Aujourd'hui, je sais que la sorcière d'*Émilie*

Jolie a un léger problème d'amour-propre et qu'au fond, aussi nouille qu'une princesse, elle attend qu'un homme vienne la délivrer de ses alambics et de sa solitude. C'est sans doute une usurpatrice, une *housewife* refoulée, n'empêche qu'incarnée par Françoise Hardy, cette sorcière-là possède une aura propre à fasciner toute une génération de petites filles en quête de sensations obscures.

Sorcière : le mot lui-même est tortueux. En prononçant *sorce*, on sollicite dans la même syllabe des consonnes qui se juxtaposent avec dureté. L'image évoquée est celle d'une torsion, presque d'une torture. Torture comme celle que l'on infligea pendant des siècles aux femmes accusées de sorcellerie. Comment ne pas se sentir solidaire de ces soi-disant sorcières, que l'on rendait coupables des pires maux d'une population, et que l'on faisait condamner au bûcher sur simple accusation collective ? Comment ne pas se sentir sœur de ces prétendues épouses de Satan ? De sœur à sorcière il n'y a d'ailleurs qu'un pas chassé que j'exécute joyeusement, étant toujours plus encline à vénérer les affranchies qu'à les juger.

Mon amie Hélène, qui maîtrise sans l'avoir étudié l'art de combiner les huiles essentielles, est un peu sorcière. Elle a cette qualité. D'ailleurs quand je l'appelle *ma sorcière*, elle adore ça ! Hélène a su trouver la sorcière qui était en elle. Ce pourrait être un but, dans une vie de femme : trouver sa sorcière. Devenir une « sorcière comme les autres[1] »… Je vais m'y employer.

1. Anne Sylvestre, *Une sorcière comme les autres*, 1975.

Procrastiner

Je procrastine. Je pratique la procrastination.

Appuyons exagérément sur chaque consonne de ce mot. Il recèle une sorte d'aura maléfique, n'est-ce pas ? Si l'on n'en connaît pas le sens, le verbe *procrastiner*, avec ses sonorités de crabe, de crasse et d'asticot, pourra par exemple évoquer un vieux savant cradingue aux ongles noirs et longs, farfouillant dans un grimoire véreux, le visage bubonique renfrogné derrière des fioles secrètes et bouillonnantes. Il procrastine, mystérieusement.

Ou alors un dissident soviétique, maudit et frigorifié dans son gourbi en plein hiver, raturant sur un vieux bloc-notes la diatribe qui fera de lui un héros du peuple. Il procrastine, dangereusement.

Bref, ça doit être quelque chose, de procrastiner.

En fait, pas du tout. Observer, lascivement, la pile de papiers et d'enveloppes de tous formats qui envahit la moitié de la table du salon et décider, au lieu de commencer le tri qui s'impose, de prendre un bain en relisant *Lapinot* de Lewis Trondheim, ça c'est procrastiner. Ne pas rappeler dans l'heure le pressant pénible qui devra se contenter d'un coup de fil le lendemain dans le meilleur des cas, alors que trois minutes suffiraient pour s'acquitter de cette corvée, ça c'est procrastiner. Être dans la douceur de l'instant et flemmarder sans honte parce qu'au fond, quoi qu'il arrive, on finira toujours par faire ce qu'on a à faire, ça c'est procrastiner.

Qu'un verbe aussi contondant puisse désigner une activité aussi molle me fascine totalement.

Foutraque

On pourrait croire que *foutraque* est l'équivalent d'un *j'y-fous-tout* : un plat de restes, dont la composition très personnelle est un peu honteuse. Un j'y-fous-tout est mangeable, varié sans être avarié (ou presque), mais, en toute logique, on ne saurait servir un j'y-fous-tout à ses convives. On le garde pour soi.

(Cela étant – et je me permets d'ouvrir une parenthèse que j'espère brève –, au fil de mes longues années de tournées, j'ai parfois regretté certains de mes j'y-fous-tout de fortune en découvrant ce qui m'attendait après le concert. Traumatisée un soir par un catering particulièrement fleuri – le *catering* étant le terme consacré pour désigner une cantine dans le vaste monde du spectacle –, je laissai sur le livre d'or du théâtre qui m'accueillait un aimable poème qui commençait comme suit :

Comment peut-on si mal manger
Dans un endroit si convivial ?
Les carottes : attention danger !
Et la blanquette, elle fait très mal

Ce soir-là, j'aurais de loin préféré un rassurant j'y-fous-tout à l'expérience alimentaire qui m'était proposée, mais je n'avais rien sous la main.

Ce délicat problème est récurrent dans les tournées, alors à l'occasion nous échangeons, entre chanteurs mal nourris, nos astuces pour conjurer le sort. Le meilleur conseil que l'on m'ait donné jusqu'à présent est celui d'un copain comédien, qui fait inscrire à son contrat une mention drôle et sans appel : « Pour le repas, faites comme si vous receviez un ami ! » C'est tout bête, c'est du bon sens paysan ! Je me promets d'y songer à l'avenir, ayant déjà fait plusieurs fois le tour de la question, en vain.)

Foutraque n'est donc pas un j'y-fous-tout. Il n'est pas non plus un passe-partout, employé faute de mieux, comme ce pauvre *sympa*, si vide, si plat. Rien de tout cela.

D'abord, sa racine *foutre*, si crue soit-elle, impose un style : *foutraque* est un mot brut et spontané, comme peut l'être un seigneur extravagant qui ne dira jamais « je n'en ai cure » ou « peu me chaut », mais « j'en ai rien à foutre », en toute élégance. C'est un mot voyou, qui ne triche pas. Il porte le perfecto avec désinvolture, mais le chapeau claque lui va très bien s'il l'a décidé. Il est libre, riche de sa fantaisie, avance sur la brèche et s'y retrouve toujours dans le bazar qu'il crée. C'est un funambule, céleste et inspiré, qui se joue de lui-même et pioche dans la vie ce qu'elle a de plus imprévu. Grâce à *foutraque*, on chérit l'imperfection et on brandit en étendard la maîtrise charmante du n'importe quoi.

En fait, tout lui va ! Sans que pour autant il aille à tout le monde… Quel dandy !

Scène

Rien qu'en lisant le mot *scène* on visualise de minuscules particules de poussière dans un halo de lumière dorée et le léger frémissement d'un pendrillon noir, lourd comme un chevreau, non ? Avec en odorama ce fumet indescriptible mêlant gélatine fondue, vieux métal et bois usé, non ? Et on entend presque un parquet craquer, un projecteur automatique pivoter et, soyons fous, un public applaudir, non ?

Scène est un mot absolument magique, qui peut provoquer chez un cas comme moi une douce synesthésie. Un trip à peu de frais.

L'expression *faire de la scène*, qui sonne un peu désuète, a un pouvoir vibratoire insensé. On pense *faire de la scène* et c'est Barbara, Bowie en Ziggy Stardust ou les sœurs Labèque qui apparaissent au sommet de leur art, offerts sans réserve dans un total don d'eux-mêmes. Mystique !

On dit *faire de la scène* comme on dit *faire l'amour* et la trivialité du verbe *faire* rend l'action artisanale, manuelle, ouvrière, presque animale et instinctive, en même temps qu'elle élève celui qui la fait au-dessus de lui-même. L'union parfaite du corps et de l'esprit. Enfin, quand tout se passe bien…

En tant que mot, *scène* s'impose en cinq lettres impeccables. Le S et le C savamment imbriqués annoncent d'emblée que ça va être plus compliqué et plus excitant que ça en a l'air : ce n'est pas la *Cène*, sauterie à l'ambiance toute relative et encore moins la *saine*, qui respire l'ennui avec son fenouil bio. L'accent grave sur le E toise tout le monde en rappelant que c'est quand même un tout petit peu grec cette histoire, et que *Scène* est en droit de se prendre pour Hermès, Homère ou Damoclès gratis. Ainsi, grâce à l'accent, un simple N (et jamais, jamais un seul M) suivi d'un E final qui rappellera quant à lui que c'est quand même un tout petit peu féminin, cette histoire.

Bref, *scène*, ça a de la gueule.

Ô

O est de loin ma voyelle préférée. Bulle, cercle, ronde, planète, O est avant tout un son parfait.

Il a la profondeur que n'a pas A, la douceur qui fait cruellement défaut à I, le mystère vers lequel U paraît tendre en essayant de faire se rejoindre ses bras malingres, et surtout la musicalité imparable qu'on ne trouvera jamais chez E (il n'y a qu'à essayer de chanter Owowo puis Ewewe pour s'apercevoir que l'un groove, l'autre moins).

Adolescente, j'étais très intriguée par *Histoire d'O*[1] dont le titre aimantait ma curiosité autant qu'il me maintenait à distance. Sans savoir de quoi il retournait, je pressentais que ce O impénétrable – le terme est certes un peu mal choisi – recelait une part d'ombre, un parfum sulfureux, un goût

1. Pauline Réage, *Histoire d'O*, Pauvert, 1954.

d'interdit, bref un secret. Bizarrement, j'en repoussais la lecture même lorsqu'elle fut à ma portée, jugeant probablement d'instinct que je n'étais pas encore d'attaque pour un tel morceau.

Après l'avoir lu, il y a seulement quelques années, je n'ai que glorifié davantage ma voyelle préférée, tenant *Histoire d'O* pour un chef-d'œuvre de la littérature, et pas seulement du cercle enflammé de la littérature érotique. Émerveillée par la créatrice d'O, dévorant avec voracité tout ce qui se rapportait à elle, j'ai fini par boucler mon cycle de fascination à la manière d'une jeune groupie, tellement transcendée par l'adoration qu'elle porte à son veau d'or qu'elle s'en fait tatouer le nom dans le bas du dos. Dévote, j'ai intitulé un de mes disques *Histoire de J*, scellant ainsi un timide pacte intérieur entre J et O, ce qui fut nettement moins douloureux que le fer rouge.

Honnêtement j'aime bien J, mais O lui est infiniment supérieur, ça va de soi. Qui plus est, J n'est pas un mot, ce qu'est Ô en revanche. Nous y voilà.

Vêtu de son accent gracile et pointu, Ô, interjection homérique et tragique s'il en est, exprime en une seule lettre ce que de laborieuses descriptions effleurent à peine. « Ô mon païs, Ô Toulouse[1]… » Tout est dit.

1. Claude Nougaro, *Toulouse*, 1967.

Plus simplement, le vocatif « Ô toi » n'a pas son pareil pour suggérer le meilleur de ce que je pense de toi. Vénération ne saurait s'exprimer avec plus de pureté qu'avec Ô. Ni trop ni trop peu.

Pour qui aime rendre grâce à ses congénères, Ô est un compagnon d'exception.

Bang

Explicit content. Parental Advisory.

Mon onomatopée favorite est *bam !* mais c'est plutôt sur *bang !* que j'ai envie de m'attarder. J'aime assez *tac !* et *hop !* aussi, car je ne me lasse pas des merveilleux raccourcis qu'offrent ces monosyllabes ludiques et percutants. Au lieu de « Cher Sylvain, tu trouveras en pièce jointe le mix à valider », on écrit « Hop ! » dans le corps du mail et c'est réglé, Sylvain saura de quoi il s'agit. Bien sûr, si j'envoyais une pièce jointe à Françoise Hardy, je ne mettrais pas « Hop ! », je sais me tenir.

Pour *bam !* le contexte est différent. *Bam !* intervient plutôt en fin de récit, pour synthétiser un retournement de situation : « Et là, bam ! elle l'a quittée. » L'effet produit est saisissant, on la voit claquer la porte et s'enfuir. *Tac !* c'est encore autre chose, on est dans le domaine de la mécanique de pointe, du réglage de précision, du mouvement de tête millimétré : tac ! tac !

Pour ce qui est de *bang !*, je dois avouer que je l'utilise moins. D'ailleurs quand je le fais c'est plutôt à la manière de Nancy Sinatra, avec un magnifique accent ricain car je n'ai peur de rien : *bang bang*[1], comme dans la chanson. Dans ce cas, il s'agit plutôt d'exprimer une précipitation, voire une injonction : allez, on s'active ! bang ! bang[2] !

Employé seul et à la française, *bang* m'évoque surtout une part sombre et hilarante de mon adolescence, à savoir mes deux premières années à l'université de Nantes où j'étudiais passionnément la philosophie. Un ou deux soirs par semaine, je retrouvais ma grande amie de l'époque, Bénédicte, qui était inscrite en psychologie dans la même faculté de lettres et sciences humaines que moi. En devisant sur Yves Bonnefoy et Leibniz, nous écoutions, sûres de notre bon goût, des albums (qui depuis ne m'ont jamais quittée) de Meredith Monk, Philip Glass, Steve Reich et Sonic Youth en buvant des litres de lapsang souchong et en avalant des paquets entiers de Choco BN souriants.

1. Lire *bingue bingue*, donc.
2. *Id.*

Toute cette mise en scène ne servait en réalité qu'à une chose : rythmer nos prises méticuleuses de bangs tout au long de la soirée. Un bang est un genre de pipe à eau rudimentaire. Les nôtres étaient fabriqués par nos soins, à base de bambou et de tête de marqueur coupée. On y tasse de l'*herbe à fumer*, comme disait ma mère lorsque je rentrais le week-end, on la fait flamber, on aspire, on tousse, on crache et on rit. C'est affligeant, mais qui n'est pas passé par ce genre de bêtise ?

Le bang porte bien son nom puisqu'il rend son utilisateur assez proche de son phonème, le sonnant d'abord comme un gong et le laissant ensuite mou comme une langue. Sa douce sonorité asiatique nous laissait rêveuses et nous inspirait, à Bénédicte et moi, de jolis quatrains :

Quand le ciel se noircit
Un bon bang s'apprécie
Prends un bang à ton réveil
Et replonge dans le sommeil

C'était si stupide et ça nous faisait tant rire que vingt ans après je les ai encore en mémoire. La monadologie, en revanche, moins. Pardon Leibniz.

Chiale

L'un de mes buts dans l'existence, outre parvenir à la sérénité et me sentir en permanente créativité (ce qui s'apparente à vouloir allumer un feu tout en l'éteignant), est d'atteindre, sans pour autant le rechercher, un état aussi trouble que délicieux : la chiale.

La chiale se distingue du pleur (lié au chagrin), de la pleurniche (liée à l'auto-apitoiement), du sanglot (lié à la rage), du geignement (lié à la douleur), des larmes d'irritation (liées aux acariens), des yeux rouges (liés au piment dans un rougail) ou de toute autre manifestation lacrymale, en ce qu'elle trouve sa source dans l'émotion artistique. Elle est si belle et si ancrée dans le présent qu'il devient impossible, en la sentant arriver, de la réprimer. Elle a pour elle d'être intense mais brève. À moins d'un choc émotionnel d'exception, il est rare qu'une chiale se prolonge au-delà de quelques minutes. Pour l'entourage c'est mieux, ça dédramatise.

Nous n'appellerons pas *chiale* les larmes versées dans des contextes familiaux divers (naissance, mariage, divorce, bar-mitsva, baccalauréat, obtention du permis B, entrée à la maternelle, échographie du troisième mois, première cigarette, premier bang, premier baiser, tout ce qui est première fois). Non. La chiale prend de la hauteur et apparaît comme un état de grâce quand ce qui se joue sur une scène, ou dans un livre, une chanson, un film, un tableau, et ce qui se joue à l'intérieur de soi sont en telle résonance que bam ! on a la chiale.

J'aime rire. C'est même une de mes passions. Mais devant un spectacle, mon bonheur absolu sera d'accéder à une bonne chiale. Le terme est sans doute un peu grossier, pas très joli en bouche, mais je n'en vois pas de plus approprié pour définir ce moment d'abandon suprême où un impact artistique est tel que le plaisir de pleurer est irrésistible. Avoir la chiale, c'est être dans le lâcher-prise total, la confiance absolue, c'est se laisser aller à la joie de l'instant et à l'émotion pure en sachant que rien de tout cela n'est grave.

Il y a quelques jours, j'assistais justement à un concert à La Cigale avec Audrey, mon amie ingénieure du son qui a un cœur bien tendre sous des dehors solides et, en quittant la salle, nous fîmes ce rapide débrief :

« Super bien. Mais t'as eu la chiale, toi ?

– Raaaah, j'étais à deux doigts mais non.

– Pareil. Dommage… »

La chiale, c'est insaisissable.

Studio

S'il est un mot qui sonne comme un sésame, c'est bien lui. Dans ma toponymie intérieure, *studio* représente à la fois le Graal et le viatique, le but et le chemin. Un endroit sacré de bonheur pur et d'exaltation, mais aussi une chambre de labeur, de doute, de sueur et de larmes. On s'amuse bien dans la chanson française…

Le studio auquel je pense n'a bien sûr rien à voir avec celui que j'occupais, étudiante, dans le quartier le plus morose de Nantes-la-merveilleuse, Doulon, et dans la kitchenette duquel, faute de lait (puisque mon budget nourriture était grevé par l'achat de lapsang souchong, de Choco BN souriants et d'autres bons produits du terroir), j'ajoutais un peu d'eau tiède à des flocons de purée déshydratés pour me faire un repas, pauvrette. Ce studio-là, je l'aimais bien pourtant, avec son minuscule bureau, sa tablounette d'un demi-mètre carré et son lit une place m'assurant des nuits solitaires et studieuses, en théorie. J'avais scotché sur un des pans de mur en crépi coquille d'œuf une affiche démesurée de Sonic Youth, où il était écrit *Angry* et une photo de Dominique A période *La Mémoire neuve* qui me faisait rêver. Cette décoration modeste rendait l'ensemble à peu près correct, mais j'évitais quand même de mariner trop longtemps dans mon réduit, il y avait d'ailleurs bien mieux à faire dehors.

Je m'égare. Le studio qui occupe mon esprit est d'un tout autre genre. Un studio, par définition, c'est feutré, moelleux, rarement exposé à la lumière du jour, d'une propreté relative, un peu brumeux parfois, et grouillant de mille connexions hasardeuses en apparence, mais qui relèvent en fait d'une organisation parfaite. Il me suffit de lire ou de me dire le mot *studio* pour faire apparaître à ma conscience de batracien un canapé lourd et passablement défoncé, une moquette murale, un cendrier plein, une lampe de chevet qui diffuse une lumière douce et ocre, un casque audio rebondi abandonné par terre, des câbles entortillés, des feuilles volantes, un piano désossé, du café séché au fond d'un mug, des fioles d'huiles essentielles, de vieux *Guitarist Magazine*, des tables basses, des miettes, des lunettes de vue les branches en l'air, et bien sûr une énorme, une gigantesque, une effrayante console sertie d'un million de boutons sur lesquels je me suis toujours bien gardée de poser mes doigts incompétents. En une seconde, cette brève locution latine m'apporte sur un plateau une immense rêverie.

Aujourd'hui, tout le monde peut avoir son home studio. Il suffit d'un peu de savoir-faire, d'un ordinateur fiable qu'on qualifiera de *bonne bécane*, d'une réelle motivation et c'est réglé. Étant une handicapée de la technique, je n'ai pas de home studio. Je reste donc tributaire de ces lieux douteux dédiés à la musique, pas tout à fait propres, pas tout à fait éclairés, pas tout à fait ordonnés. Ils font mon bonheur.

Amitour

L'amitié entre une femme et un homme suscite souvent – me semble-t-il – au mieux une discrète perplexité, au pire un bon vieux sarcasme. Elle serait douteuse et forcément ambiguë. Le moment est venu de m'inscrire en faux. Non ! L'amitié mixte (l'expression est assez laide, mais on comprend l'idée...), ce n'est pas une vue de l'esprit, ça existe !

Avec mon ami des îles, je partage une relation d'amitié mixte depuis bientôt vingt ans, relation qui ne cesse de m'émerveiller et de me nourrir. Et de m'agacer parfois, bon bien. Basée sur une admiration mutuelle, un humour commun, un soutien inconditionnel, un large vocabulaire truffé de tics scabreux qui s'étoffe d'année en année et une solide tendresse malgré la pudeur des sentiments, cette amitié nous est si chère qu'elle méritait bien son petit nom : c'est de l'amitour.

Je n'ai aucune sympathie pour les mots-valises que je trouve en général de mauvais goût. Prenez *tapuscrit* : c'est repoussant, on dirait une maladie de peau. *Adulescent* : inutile et mou, il ressemble à un complément alimentaire en ampoule. *Courriel* : ridicule. *Bifle* : quelle horreur, mais quelle horreur ! En fait je déteste, je dis bien je DÉTESTE les mots-valises. À part les *proêmes* de Francis Ponge, auxquels je suis très attachée, mais ils ne naviguent pas dans les mêmes eaux que *bobo* et *clavardage*, évidemment.

Non, vraiment, le seul et unique mot-valise que je supporte, que j'invoque même, c'est ce cher *Amitour*. Est-il masculin ou féminin, d'ailleurs ? Les deux, probablement. *Amitié* aurait bien sûr convenu, car c'en est une véritable, et ancrée profond, mais pourquoi ne pas inventer un mot pour rendre grâce à l'intensité de notre lien ? Qu'est-ce que ça nous coûtait ? Je ne sais plus lequel d'entre nous a sorti ce mot-valise de sa pauvre tête, mais le fait est que nous l'avons adopté depuis un certain nombre d'années et il nous satisfait. Attention, les occasions de l'utiliser ne sont pas quotidiennes, mais de temps en temps, il est bon de se rappeler que nous avons de la chance de partager une si belle amitour.

Océan

L'immensité, la profondeur, la puissance. De l'eau salée à l'infini. *Océan* est un mot sans limites qui roule ses voyelles comme des lames de fond. L'heureuse combinaison de trois syllabes sans attaque, qui ne cognent ni ne tintent, mais se laissent relier par le modeste maillon d'un C. *Océan* n'a besoin d'aucune dureté pour régner, il s'impose au palais en majesté.

Quand j'étais petite, il m'arrivait d'aller à la mer pour la journée, le hasard m'ayant fait naître et grandir à un peu plus d'une heure des plages de l'Ouest. Le temps n'était pas toujours clément, et les rivages du Pouliguen ou du Croisic n'avaient pas le chic, pensions-nous, des plages du Sud où le sable est plus doré et les galets plus lisses, mais rien ni personne ne pouvait nous enlever l'irréductible privilège de nager non pas dans la mer plate, mais dans l'océan. Ce qui change tout, on est d'accord. Un bain de mer c'est charmant et plein de poésie, c'est sain, revigorant, recommandé, ça clapote et ça barbote, alors qu'on ne prend pas un bain dans l'océan. Dans l'océan, on plonge. On navigue, on fend les flots. On n'est pas là pour faire trempette.

L'océan porte un nom au diapason de sa liberté, un nom qui ne se laisse pas circonscrire, mais dont l'entame s'ouvre grand, et la finale reste en suspens comme un sonar.

Depuis le 17 mai 2018, en devenant le prénom d'une renaissance humaine, *océan* resplendit d'un bleu inédit. L'artiste qui s'est ainsi rebaptisé a eu la grâce, l'audace et la générosité de se présenter sous sa nouvelle identité dans un film très bref, au fil duquel il raconte en trois minutes sa prise de conscience et la nécessité pour lui de passer d'un genre à l'autre : de femme à homme trans. La vidéo a la force d'une marée et respire la sérénité. J'ai connu Océan alors qu'il avait encore un E à la fin de son prénom et un corps de femme. J'admire sa détermination et son courage. En l'écoutant parler et en le regardant, heureux, confiant, parfaitement plongé dans sa vie, il m'a semblé qu'Océan portait désormais un prénom au diapason de sa liberté.

Non

Comment ce partenaire primitif de la petite enfance peut-il devenir, au fil du temps, un sésame si difficile à manier ? Dire non devrait demeurer, toute la vie, aussi naturel qu'un éternuement. Au lieu de ça, il prend des proportions effarantes et va même jusqu'à se dérober à la parole lorsqu'on a besoin de lui, le lâche.

Il n'est pourtant pas bien impressionnant de nature. C'est juste un monosyllabe nasal, un son fermé, un peu ingrat, qui peut s'apparenter à un grognement. À deux ans, on dit non comme on respire, et on attendrit même son entourage, qui s'extasie, sans doute parce qu'il n'a plus cette liberté. En grandissant, on apprend hélas à ne pas trop vexer les gens, ce qui s'entend, à se plier à la contrainte, ce qui peut s'avérer pénible, et parfois même à faire passer la volonté d'un autre avant la sienne propre, ce qui est franchement intolérable.

Récemment j'ai eu la chance de découvrir un recueil posthume d'Henri Michaux[1] regroupant toutes ses lettres de refus. L'homme ayant décidé de dire non à tout, il est plus que probable qu'il aurait de son vivant rejeté sans appel l'idée d'une telle publication, mais on peut tout de même rendre grâce à l'éditeur qui a pris soin de les rassembler, pour en faire presque un manifeste du refus, certes redondant, mais brillant et souvent drôle. Michaux y est d'une intransigeance incroyable, n'accepte aucune des propositions qui lui sont faites, rééditions, hommages, lectures publiques, prix littéraires, et semble parfois au bout du rouleau, en lâchant par exemple, dans un râle de désespoir : « Laissez-moi mourir d'abord. »

C'est radical, mais ne faut-il pas l'être de temps en temps ? En chantre du non, Michaux pose un principe définitif qui pourrait bien être érigé en règle de vie : c'est non. Pas la peine d'épiloguer. Le mot *non* a l'avantage d'être bref et de se dresser comme un muret protecteur et solide face à la partie adverse. Deux briques pour les N et le poing fermé pour le O, on n'y revient plus.

1. Henri Michaux, *Donc c'est non*, édition établie par Jean-Luc Outers, Gallimard, 2016.

Dire non, c'est faire preuve de courage, de force, de détermination, d'humanité tout simplement. C'est avoir assez d'estime de soi pour ne pas se laisser imposer ce dont on ne veut pas. Bien sûr parfois c'est compliqué, pour les raisons évoquées plus haut, bienséance, peur de vexer ou peur de l'autre. Alors il faut un peu d'entraînement, pour laisser le non reprendre sa place originelle, qu'il n'aurait dû jamais quitter : celle de barrière naturelle qui, sous toutes les coutures, criée, chuchotée ou dite posément, fait de chacun de nous son unique patron. Rien de moins.

Instinct

« Je pourrais suivre ton conseil, mais j'ai pris l'habitude de n'obéir qu'à mon instinct... » Voici une phrase inattaquable dont je raffole et qui me permet d'imposer mes vues fermement, mais en douceur et sans braquer personne. Dans le même genre, je suis friande de cette formule, à la sagesse redoutable : « Désolée, l'album n'en veut pas », dès lors qu'il est question d'ajouter un ingrédient superflu et/ou de mauvais goût à une chanson pendant son enregistrement. Si l'album n'en veut pas, on ne discute pas, c'est non ! Je prends l'air désinvolte en parlant ainsi de lui, mais en réalité je place l'instinct très haut sur l'échelle des talents humains.

Plus diffus qu'une idée, plus précis qu'une sensation, plus profond qu'un pressentiment et souvent plus utile qu'un savoir, l'instinct est mon guide spirituel. Je n'ai pas peur de le dire ! Une boussole naturelle qui ne me veut *a priori* que du bien et me déçoit rarement. Enfin non, je mens. Il me fait défaut quand il s'agit de me situer géographiquement. Là, il est minable. Il est même si constant dans sa nullité qu'il me suffirait presque de prendre à gauche lorsqu'il me suggère d'aller à droite pour retrouver mon chemin. Mais il peut aussi se tromper, c'est-à-dire justement ne pas se tromper, et donc me tromper, alors comment faire la part des choses entre l'autorité de mon instinct et celle de ma raison, qui s'efforce de le déjouer ? Tous les deux se battent dans une seule et même cervelle, la mienne, je me débrouille donc comme je peux (avec un GPS).

Primitif et sauvage, le mot *instinct* s'ouvre comme une respiration, une inspiration ancestrale, brute et sans manière, au creux d'une aisselle aimée. Il flaire, puis se referme sèchement, sur un *tinct* qui pourra évoquer un fagot d'épines jeté à terre, ou un rapide claquement de langue entre les dents. Il est nature.

Si on l'apprivoise, c'est un gouvernail. Après tout, pourquoi ne pas se fier à ses propres antennes ? Au risque de faire parfois fausse route, je pars toujours du principe que mon instinct a raison, et que la première impression qu'il me fournit est la bonne. Je n'ai rien de mieux à faire que l'écouter et agir sous son empire. Il est mon roi, il est ma loi, et moi, un animal à sa merci. Ça me va très bien.

Empathie

Même s'il est très proche d'*apathie* et d'*empâté*, il n'a absolument rien à voir. *Apathie* est molle, triste, immobile et indifférente à tout. *Empâté* est gras, gros, court sur pattes et encroûté dans son laisser-aller. Bonjour l'ambiance.

Jean-Michel Aphatie, lui, réussit le prodige de rendre son pH neutre, en aspirant totalement son H. Alors qu'on devrait dire Jean-Michel Afatie, on lui préfère, grâce à une charmante exception phonétique dont le français de nos régions a le secret, Jean-Michel Apatie. C'est comme ça, il faut simplement le savoir. Mais ça n'est pas le sujet.

Le sujet, c'est *empathie*. L'une des grandes qualités de ce mot, c'est d'abord d'être à la portée d'un enfant de deux ans. « Pa » est une syllabe primaire, voire primitive, qui fait que « papa » apparaît (assez injustement d'ailleurs) avant

« maman » dans la bouche ingrate de l'enfant en bas âge. « Ti » est également très tôt de la partie : drolatique et léger, il carillonne facilement entre « doudou » et « pipi ». Pour ce qui est de « em », il est souvent confondu avec « on » en début de carrière langagière, mais dès lors que le jeune orateur l'a testé sur « maman » (après s'être rengorgé de « papa » comme on sait), c'est parti, il n'a plus que ça à la bouche.

Donc en définitive, *empathie* peut tout à fait tenir lieu de premier mot :

« Chérie ! Alceste a dit son premier mot !

– Oh ! Et qu'est-ce que c'était ?

– *Empathie !* »

Cette scène est sans doute rare, mais on vient de démontrer qu'elle est plausible.

Pourtant, ce qui me touche le plus avec *empathie* est d'un autre ordre. Être en empathie avec quelqu'un, c'est n'avoir vis-à-vis de lui pas plus de second degré que ne semblent en avoir ces trois syllabes naïves et généreuses, solidement accrochées les unes aux autres, bras dessus, bras dessous. C'est se mettre à sa place sans arrière-pensée, le comprendre et souffrir avec lui.

Comme un bouquet de feuilles de Séraphine de Senlis, *empathie* est un mot franc, pur, bon, gratuit et sans cynisme aucun. De temps en temps, ça fait du bien.

Parrain

Ma mère a eu trois frères et une sœur. L'aîné de la fratrie était Jean-Luc Jannault. À sa naissance en 1947, Jean-Luc a contracté une méningite qui l'a rendu hydrocéphale. Beaucoup moqué à l'école à cause de son étrange naïveté et de la taille de son crâne, il est resté un petit enfant dans un corps devenu adulte.

Je l'ai toujours connu, et sur les premières photos de moi bébé, Jean-Luc me veille de ses grands yeux bleus très clairs, très vifs et très ouverts, comme un gardien du temple. Mes sœurs et moi avons grandi à ses côtés, car il vivait chez mes grands-parents à cent mètres de notre maison et venait presque tous les jours jouer avec nous. Parmi ses jeux favoris, il y avait le *Tu restes comme je te mets*, qui consistait à faire prendre à l'autre une position qu'il lui fallait tenir le plus longtemps possible, et le jeu des consonnes inversées, comme dans *scipine*, *toivure* ou bien *naj*, mon prénom.

Jean-Luc était un être poétique et doux, capable parfois de violentes colères contre ses parents, contre leur maison qu'il appelait *cage à lapins*, et surtout contre lui-même. Il lui arrivait souvent de répéter un bout de phrase à l'infini, comme une litanie qu'il se murmurait, et il me semble qu'aujourd'hui on qualifierait son cas d'autisme. Mais je ne me souviens pas qu'on ait, durant mon enfance, donné un nom à son handicap.

Il avait une étonnante oreille musicale et pouvait rejouer immédiatement, sur son harmonica ou son petit orgue électrique, un air qu'il entendait. Il était capable de fous rires impressionnants et pouvait rester béat de stupeur pendant de longues minutes devant la beauté d'une femme ou d'une musique qui lui plaisait. Il eut quelques amoureuses platoniques, notamment au sein de la structure d'aide par le travail où il cuisinait pour des collectivités.

Sa petite sœur, ma mère, a voulu lui offrir un lien particulier avec un enfant. Aussi, quand je suis née, elle lui a demandé d'être mon parrain. Je crois que cette responsabilité l'a rempli de joie, car toute sa vie Jean-Luc m'a appelée sa filleule. Selon la tradition, c'est à lui que revenait tacitement la lourde tâche de m'élever en cas de décès brutal de mes parents ! Même si ce sont des mots, Jean-Luc était donc un de mes référents. Un protecteur, qui aimait « jouer à Jésus » tandis que mes sœurs et moi faisions les petits enfants de Judée. Il se mettait alors sur la tête un grand couvre-lit en chenille ondulée et disait : « Laissez venir à moi les petits enfants » en nous en enveloppant, comme un parrain protège son clan.

Je l'appelais d'ailleurs Parrain, car même si c'était mon oncle, Jean-Luc était avant tout un parrain hors du commun. Il est mort en 2005, et jamais Marlon Brando ni Al Pacino ne le détrôneront de mon Panthéon.

Wu

Woici un mot wenu tout droit de mon enfance : *wu*. Si j'avais un peu de conscience professionnelle, je prendrais la peine de taper « W » (dix points) et « U » (un point) dans Wikipédia, pour savoir enfin ce que signifie vraiment *wu*, mais je préfère de loin le maintenir dans les limbes de ma cervelle étourdie d'enfant de dix ans.

À cette époque, avec ma mère, ma tante Cécile et Mémère Jannault, ma grand-mère adorée, nous érigions *wu* au rang d'incontournable partenaire de nos parties de Scrabble dominicales et digestives. J'irai même jusqu'à dire que nous le mettions sur un piédestal, puisque à une ou deux exceptions près, quand la chance avait touché de son doigt divin le tirage de l'une d'entre nous, *wu* était toujours, toujours là, indétrônable *number one* du plateau tournant. D'ailleurs nous n'étions pas très sûres de sa prononciation. C'était peut-être « vu », c'était peut-être « wou », en tout cas, nous, nous disions « wu ».

Non seulement nous ne savions pas le dire, mais nous étions incapables de nous mettre d'accord sur une définition, et ce flou sémantique nous amusait. Pour l'une, il s'agissait de la monnaie d'un vieil empire chinois révolu, salaire aléatoire de plusieurs millions de vaillants soldats en robe rouge et à la discipline de fer, pour l'autre c'était un vague dialecte inusité ou presque, pour l'autre encore un nombre magique censé apporter une réponse à l'univers – rien de moins –, à l'instar de Pi. Quoi qu'il en soit, *wu* valait son pesant de cacahuètes et nous rendait un valeureux service, toujours le même, lors de chaque partie de Scrabble.

« Mémère, si j'avais deux I et un P, je pourrais faire *wapiti* !

– Ah dommage… Mais tu pourras toujours faire *wu.* »

L'enjeu stratégique était alors de dégoter la meilleure place pour *wu*, sur l'une des huit cases rouges tant convoitées de notre édition de luxe : la case brûlante du mot compte triple.

« Ouais ! Je fais *wu* !

– Oh non ! C'est là que je voulais poser mon Q ! »

Et de rire avec Mémère Jannault.

Gaule

« Étant petit, je venais toujours jusqu'au noyer, pour gauler des noix », me confiait l'autre jour Michel, mon vieil ami auvergnat, lors d'une petite balade supposée d'un quart d'heure qui finalement dura pas loin d'une heure, car bien lancés, nous avons fait le tour du Puy de la Rode. La grêle, cette fourbe, nous est tombée dessus précisément à la moitié du grand tour. Rebrousser chemin ou continuer d'avancer revenaient donc au même : la grêle. « En même temps, me dit fort justement Michel, un grêlon ça te glisse dessus, c'est moins désagréable que la pluie. » Il avait raison. J'ai d'ailleurs pris conscience que ça faisait des années que je n'avais pas eu l'occasion de marcher sous la grêle, du métro Pyrénées à la place Gambetta, alors je n'avais qu'à en profiter. Bien.

Arrêtons-nous sur la première phrase de Michel, celle où il dit « gauler des noix ». *Gauler*, selon le dictionnaire Larousse, c'est « Battre les branches d'un arbre avec une gaule pour en faire tomber les fruits, telles les noix ». Autant dire que Michel a utilisé le verbe idoine et ne m'a pas raconté, comme je l'ai d'abord cru car je mélange tout, qu'il venait voler des noix et se faisait pécho ensuite. Non. Il *gaulait* des noix, on ne saurait mieux dire.

Étant donné qu'une gaule est à l'origine une « grande perche qui sert, en particulier, à faire tomber les fruits », toujours selon notre ami Larousse, il va falloir que je m'explique un peu, car comme on peut s'en douter, ce n'est pas tout à fait l'aspect maraîcher du terme qui m'intéresse. Ou pas seulement.

La gaule, élément rigide et longiligne, a vu son usage tomber dans le langage familier pour définir un phénomène tout aussi naturel que des noix qui durcissent sur un noyer. Un phénomène physique sans lequel la vie n'aurait pas grand sens, et qui, comme toute chose importante et mystérieuse, se laisse désigner par une ribambelle de périphrases, un catalogue de métaphores, de la plus poétique à la plus salée. Je ne tomberai pas dans le piège vulgaire qui consisterait à lister les tournures les plus laides pour mieux mettre en valeur la beauté de la gaule, à répertorier tous les *braquemart*, les *trique*, les *barreau*, les *bâton*, les *garde-à-vous*, les *dormir sur la béquille* et autres *gourdin*, ah non ! Je ne tomberai certainement pas dans ce piège-là.

Je m'en tiendrai simplement à ce constat que la Gaule, terre de nos ancêtres, mérite un respect éternel. Elle est non seulement une grande perche qui sert à attraper des fruits, ce qui est déjà beaucoup, mais aussi, et surtout, un empire. Et c'est pour ça qu'elle est la meilleure.

Michel

Oui, un prénom, je fais une petite entorse à la règle. Enfin y a-t-il vraiment une règle ? Tiens c'est une idée ça : *règle* ! Ce mot est tellement inscrit dans mon ADN que je l'avais oublié. J'y reviendrai sûrement.

Donc un prénom, pourquoi pas un prénom. On n'est pas au Scrabble. S'il en est un emblématique de la chanson française, c'est sans doute lui. Je n'imposerai à personne l'inventaire des Michel de la variété grande époque et laisserai à chacune et chacun le soin de dresser sa propre liste, car ils sont légion.

Il est doux et rassurant Michel. On ne l'imagine pas porté par un criminel (appréciation totalement arbitraire et absurde, puisque à peine ai-je noté *criminel* qu'un horrible Michel me vient à l'esprit, c'est malin...). En tout cas, il est confortable et rassasiant comme une miche de pain trempée dans l'huile d'olive, à l'espagnole. Du brut, du solide, du nourrissant. Pas de la biscotte.

Mon père est né en 1949, quand Michel a connu en France son pic de popularité. On ne faisait pas de vagues dans la famille, il a donc été baptisé Michel, comme environ trente mille bébés de cette année-là. Aimait-il s'appeler ainsi ? Je ne lui ai jamais posé la question. Quand j'étais gamine, je détestais mon prénom. Je trouvais qu'il faisait vieille, et puis j'étais toujours la seule Jeanne dans une assemblée d'enfants, ça me gênait un peu. Un été, pendant des vacances à Saint-Jean-de-Monts avec mes parents, nous avions rencontré par hasard une autre Jeanne Cherhal sur la plage. Elle devait avoir soixante-dix-sept ans et moi sept, ce qui m'avait plutôt confortée dans l'idée que mon prénom faisait mémé. En grandissant, j'ai bien sûr appris à aimer la vieille dame qui sommeillait en Jeanne, et même à éprouver de la gratitude envers ma mère qui l'avait choisi pour sa première-née. C'était audacieux, et elle avait d'ailleurs hésité, m'a-t-elle appris plus tard, avec Véronique. Ça n'a tellement rien à voir, ça m'a fait rire et m'a touchée, que serait devenue Véronique Cherhal ?

Mais revenons à Michel. Ça, pour digresser, y a du monde. Michel, mon père, s'est donc fondu dans une farandole de trente mille petits Michel et a traversé sa vie en faisant son possible pour ne pas faire de vagues et être un homme de bien. Ça n'a pas été une simple affaire. À cinquante-huit ans, il a renoncé à terrasser ses démons et s'en est allé dans un souffle. Depuis, c'est mon archange.

Règles

Je les mets volontiers au pluriel car le singulier ne m'excite pas des masses. Quoique en y réfléchissant un peu, un souvenir plutôt cocasse me revient concernant une règle. En CM2, mon institutrice était une religieuse, sœur Marie-Paule. J'étais si peste que je ne la respectais guère, et je lui répondais avec insolence alors qu'elle faisait ce qu'elle pouvait, la pauvre. Je le regrette aujourd'hui, j'étais une sacrée teigne… Elle avait une formation très limitée, pour ne pas dire inexistante, en éveil musical, et puisque aucun de ses élèves n'avait de flûte à bec, elle nous avait proposé une solution alternative lumineuse. La suivant du regard tandis qu'elle jouait *Au clair de la lune*, nous devions reproduire les positions de ses doigts sur sa flûte en tenant devant nos mentons une règle en bois. Quand j'y repense, je me marre et j'ai un frisson de honte : cette classe de vingt-cinq mômes soufflant dans une règle en dit long sur la qualité de l'enseignement musical qui m'a été prodigué à l'école primaire !

Non, les règles qui m'intéressent sont les universelles, les indispensables, les puissantes règles du corps féminin. Alors qu'elles se manifestent de la manière la plus belle et noble qui soit, par le sang, elles sont tues, salies, considérées comme une impureté par certains esprits obtus, à qui l'on a envie de faire entrer cette règle de base dans le crâne : si ta mère n'avait pas eu ses règles, tu ne serais pas là, coco !

Les règles sont la matrice d'une chaîne merveilleuse, la voix d'un cycle. Elles génèrent, régénèrent, rassurent, organisent et temporisent. Mais si le mot *règles* est dur et guttural, ce n'est pas pour rien. Les règles restent parfois douloureusement en travers de la gorge et laissent certaines d'entre nous sur le carreau.

« C'est parce que le sang menstruel est tabou que les femmes souffrent sans remède depuis des millénaires[1] », écrit Élise Thiébaut. Elle explique aussi qu'une femme peut avoir l'impression de dealer de la coke en dépannant une amie d'un Tampax, tant une protection périodique doit encore rester

1. Élise Thiébaut, *Ceci est mon sang*, La Découverte, 2017.

cachée, secrète. C'est ridicule, bien sûr. D'ailleurs le sous-titre de son ouvrage donne le *la* de ce tabou suranné : « Petite histoire des règles, de celles qui les ont et de ceux qui les font. » Il est plus que temps qu'un tel tabou s'étiole et disparaisse pour de bon. Imaginons ce que seraient les règles si c'étaient les hommes qui les avaient ? Ce serait toute une histoire ! Eh bien qu'il en soit ainsi. Fêtons-les, parlons-en, montrons-les et chantons-les.

L'autre jour, en concert, une impulsion m'a traversée alors que j'étais seule au piano. « Tiens, je vais vous chanter une chanson sur les règles, parce que je suis au deuxième jour des miennes ! » Personne ne s'est offusqué, bien au contraire. On avance ! Et puis qui a dit qu'on ne pouvait pas parler de ses règles sur scène ? Hein ? Qui ? On se demande bien qui a pu l'édicter, cette règle ! Peu importe. De toute façon les règles, c'est fait pour être transgressé.

Féministe

Les *istes*, je m'en méfie.

D'une part, ils me rappellent une de ces commodes à tiroirs multiples dans laquelle il conviendrait de se caser. D'autre part, je ne les trouve jamais inspirants, dans leur raideur de principe et leur côté bien peigné. Dans la vie je ne me sens pas *iste*, trop attachée que je suis à l'idée romantique de n'être jamais tout à fait casée, justement.

Pourtant, il y a un *iste* qui me plaît totalement, dont je me réclame, au son duquel je vibre et qui me remplit d'une énergie bienfaitrice lorsque je le prononce, c'est *féministe*. Ce mot a tout : le panache, la profondeur, une graphie à l'élégance fuselée et une charge historique qui lui donne sa noblesse.

Il y a quelques années, rien ne me décourageait plus qu'entendre une femme se justifier :

« Attendez, qu'on ne se méprenne pas, je ne suis pas féministe ! », comme s'il s'agissait d'une tare… Aujourd'hui, et ce n'est pas moi qui vais m'en plaindre, nous n'en sommes plus là. Être féministe devient aussi naturel et nécessaire que respirer. D'aucuns diront que c'est un effet de mode, une posture bien-pensante, un opportunisme, une caution cool. En attendant, le féminisme gagne du terrain et n'est pas près de ralentir, tant il éclôt chez les jeunes femmes de plus en plus tôt.

Féministe est un mot splendide car il est entier. Chimamanda Ngozi Adichie, dans son manifeste pour une éducation féministe[1], en donne ainsi une fabuleuse définition : « Être féministe, c'est comme être enceinte. Tu l'es ou tu ne l'es pas. » Dès lors, plus question de nuance, de réserve ou de demi-mesure, le combat est quotidien !

En évoluant dans un monde d'hommes, pensé par les hommes et conçu pour « l'humain standard », comme le désigne si justement Victoire Tuaillon[2] dans *Les Couilles sur la table*, une femme doit en permanence s'adapter à un environnement dans lequel elle est en décalage. Du réglage moyen des

1. Chimamanda Ngozi Adichie, *Chère Ijeawele, ou un manifeste pour une éducation féministe*, Gallimard, 2017.

2. Victoire Tuaillon, *Les Couilles sur la table*, chapitre « Privilège », Binge Audio Éditions, 2019.

climatisations (basé sur la température à laquelle un homme est à l'aise, quand une femme a besoin d'environ quatre degrés de plus pour se sentir bien) au nombre de toilettes publiques réservées aux femmes, de la taille d'un smartphone à celle d'une octave sur un clavier de piano, du design automobile inadapté aux morphologies féminines (et de fait, inconfortable et dangereux), à la lenteur exceptionnelle de la recherche médicale sur une maladie aussi répandue que l'endométriose[1], tout est réglé dans notre belle société à l'échelle et au service de « l'humain standard » : l'Homme. Le « privilège » d'être un homme, toujours selon Victoire Tuaillon, est ici clairement résumé : « Le monde extérieur ne vous est pas hostile, il ne vous gêne pas, il ne vous rappelle pas de mille manières que vous n'êtes pas à votre place. Il est fait pour vous, il est adapté à vos besoins, à vos usages[2]. » Personnellement, un monde pareil me fait rêver !

Être féministe, c'est lutter contre ce décalage permanent, ce déséquilibre universel, cette rupture d'égalité qui hiérarchise l'humanité : ce qui est du ressort des droits fondamentaux est dans les faits le privilège de certains. Le fameux *homme blanc*

1. *Ibid.* Exemples tirés de l'enquête de Caroline Criardo Perez, citée par Victoire Tuaillon.

2. *Ibid.*

de cinquante ans coche toutes les cases, face à la fillette noire de douze. Être féministe, c'est avoir identifié ce système de privilèges et vouloir s'en affranchir.

Enfin, à mon sens, le caractère le plus beau et le plus puissant du mot *féministe* réside dans sa finalité même : il vise sa propre obsolescence. Il faut les trouver les mots de cette trempe ! Les mots qui ont pour but de devenir inutiles, dépassés, relégués au rang de mots d'antan. J'ai beau chercher, je n'en vois pas d'aussi fort. Malheureusement, il y a encore un sacré bout de chemin à accomplir avant de ranger *féministe* dans le tiroir « mots désuets » de la grande commode. Tant que les tâches domestiques seront en grande majorité le travail des femmes, tant que les inégalités salariales perdureront, tant que la contraception restera une affaire de femmes (même si un homme est susceptible de procréer chaque fois qu'il pénètre un vagin et ce, pendant des décennies, alors qu'une femme n'est féconde que quelques jours par mois), tant que le corps et le visage des femmes devront correspondre à des normes désespérantes, tant que la *culture du viol* n'aura pas disparu, et tant que des hommes tueront des femmes au sein même de leur foyer, on peut imaginer que le mot *féministe* a encore de longues années devant lui. On a hâte de lui dire au revoir et merci.

Gros doigt

Au fil de mes séjours répétés sur l'île de la Réunion, j'ai fini par adopter quelques expressions savoureuses qui font le génie du créole réunionnais. Je ne le parle pas du tout, c'est une langue subtile et pour le maîtriser il faudrait s'offrir un séjour linguistique en immersion totale dans le village de Bois-Rouge, ou Bwarouz, où vit le dieu vivant du maloya, Danyèl Waro. Ma connaissance du créole réunionnais est pelliculaire : j'en utilise deux-trois mots, je souris de fierté quand je pense saisir une infime bribe de conversation, et à la lecture d'un texte en créole, je joue vaguement à deviner ce qu'une phrase comme « *Bon kari i fé dan vië marmit*[1] » signifie. Le plus souvent, je n'y comprends rien.

1. « C'est dans les vieux pots qu'on fait les meilleures soupes. »

Le créole réunionnais, tout en volutes et rondeurs dans la cavité du palais, est précis, poétique et si drôle que, sans le parler, j'essaie à ma manière de lui rendre de petits hommages disparates de temps à autre. Comment résister en effet à l'appellation mignonne et pragmatique du *bonbon lafess'* pour le suppositoire ? À la promesse de bonheur de la *couverture peï*[1], quand ladite couverture n'est autre que la personne qui partagera votre lit ? À la puissance du *zamal*, qui décrit précisément l'état dans lequel vous vous trouverez après en avoir fumé ? À la magie du *fénoir*, ce moment mystérieux où la nuit succède au crépuscule ?

L'expression que je préfère, c'est *gros doigt*. Imaginons de gros doigts gourds et courtauds qui manipuleraient une minuscule tasse de porcelaine dentelée et raffinée. Ne voit-on pas tout de suite de quoi il s'agit ? Un arrangement musical peut être gros doigt. Les dialogues d'un film, d'un roman, s'ils en disent trop, frôlent à tout moment l'écueil du gros doigt. Un dragueur insistant EST gros doigt. La restauration d'un tableau ancien peut toucher à l'essence même du gros doigt. Souvenons-nous de cette incroyable métamorphose du Christ en Kiki, opérée il y a quelques

1. Pays.

années par une pieuse petite grand-mère espagnole dans l'église de Borja… Du pur gros doigt.

Dire de quelqu'un qu'il est gros doigt, ou que ce qu'il vient de proférer en toute inélégance est gros doigt, permet non seulement d'emprunter au créole réunionnais une de ses plus brillantes métonymies, mais également de relativiser en douceur les propos malvenus, en affublant mentalement l'expéditeur du scud de mains pachydermiques.

Tenez, par exemple. Au cours de la conversation, votre interlocuteur croit bon de s'exclamer : « Oh bah alors ! T'es toute rouge ! » Tout rougisseur sait de lui-même qu'il rougit et n'a aucune envie qu'on le lui rappelle. Mais lui, il en rajoute, ça l'amuse ! Plus vous êtes gênée, et plus ça l'amuse. Respirez profondément et dites-vous qu'il a une excuse, le pauvre : il est gros doigt, c'est tout.

Yoga

Les mots ont du goût. *Plainte*, par exemple, a un goût de purée de pois chiches à l'huile d'olive (ce qui n'est pas le cas de *houmous*, bizarrement). *Manivelle*, celui d'une tête de champignon cru. *Triste*, d'un raisin sec. *Flagornerie*, d'une huître. *Huître*, d'une huître. *Malaxer*, d'un Malabar. *Blanc*, d'une gouache. *Gouache*, d'une gelée de coing. *Sauvage*, d'un lait fraîchement tiré à même le pis et tout à fait écœurant. *Écœurant*, d'un Palmito. *Limousine*, d'une Chantilly relevée d'un soupçon de citron vert, etc.[1]. Il suffit de prêter un peu attention à ce qu'on dit, et on frôle vite l'indigestion.

Je conçois que ce tableau verbo-sensoriel très personnel ne puisse tenir lieu de vérité universelle,

1. *Etc.* : café fraîchement torréfié.

et je suis curieuse d'enrichir ma gustation intérieure de saveurs nouvelles à l'occasion (même s'il y a peu de chance pour que *banane* m'évoque un jour autre chose que le vomi). Pour certaines personnes, *matelas* suggérera peut-être les petits pois, *filature* le jus de goyave et *plaisir* le foie de veau. C'est n'importe quoi, j'en ai le vertige… D'ailleurs, si *vertige* est pour moi un entremets à la vanille, il sera, pourquoi pas, une branche de salicorne ou un haricot vert cru pour mon voisin. Bref (arôme persil).

De tous ces goûts plus ou moins agréables, celui de *yoga* se démarque largement. Lacté, légèrement sucré, frais sans être glacé, mélange subtil et doux de confiture de rose et de colle Cléopâtre, *yoga* a le goût du zen. Non seulement il n'agresse pas, mais mieux, il repose. Il recouvre le palais d'un édredon léger et invite à la contemplation.

S'ouvrant sur une invocation, voire une incantation avec son *yo* solaire, extraverti et joyeux, il se referme sur un *ga* moelleux, paisible et introspectif. Son mouvement intérieur, offert / recroquevillé, pourrait être une représentation possible de la plénitude. C'est magnifique, c'est parfait.

Pourtant, quand on connaît la crispation musculaire de la posture du guerrier ou la torture du pont, on est bien obligé d'admettre que *yoga* est quand même un peu un escroc.

Suicide

Pourquoi me priverais-je de suicide ? Malgré tout ce qu'il charrie d'angoisse et de chagrin, *suicide* – pardon – me plaît beaucoup. Il coule tout seul, au contraire de *meurtre*, qui a tout de la glaire mal expectorée, ou d'*assassinat*, indigeste avec ses S et ses A en surnombre. *Crime*, en revanche, a du charme, relatif sans doute à sa proximité avec le *cream* anglais. Cela dit, ces trois-là ne figurent pas tout à fait dans la même catégorie que *suicide*. Ou alors de loin, en tant que membres de la grande famille des mots de la mort, qu'on adore. Enfin que j'adore.

Suicide a juste ce qu'il faut de douceur et d'acidité pour satisfaire un palais délicat. Il étire joliment son éventail en diphtongue : *sui*, pour aussitôt se refermer d'un coup précis, bref et sifflant : *cide*. C'est un mot par essence très indépendant, qui n'a besoin de personne, mais qui n'en fait pas tout un plat. Discret, il se passe des préfixes suffisants que sont *ego*, *auto*, ou *perso*, qu'on épuise dès lors qu'il s'agit d'évoquer une pratique tournée vers soi-même. *Suicide* conserve avec panache une zone d'ombre, que n'auraient pas, bien sûr, *autotuage* ou *ego-struction* à sa place. D'ailleurs cherchons-lui un synonyme digne de ce nom, il n'y en a pas ! Son unicité est la marque des grands mots, me semble-t-il, et justifie à elle seule la présence de *suicide* dans ce gentil petit glossaire. *Glossaire*, lui, ne sera pas dans ce glossaire.

Il y a une centaine d'années, un copain de fac plutôt tourné vers le passé m'avait fait découvrir une chanteuse belge confidentielle qu'il aimait beaucoup (et qu'il aimait aussi beaucoup être seul à connaître, je pense), Andrée Simons. En tapant son nom sur Internet (après m'être empêtrée dans des Claude, des Martins et autres Simone parce que je n'avais plus qu'une vague idée de comment s'appelait cette dame), je l'ai retrouvée, photographiée à plusieurs périodes de sa courte vie. À la guitare, visage poupin et cheveux longs sur un cliché en noir et blanc, puis face à l'objectif, émaciée et très maquillée sur une photo d'elle plus âgée, plus habitée, plus angoissée. Si je pense à elle, c'est que dans une de ses chansons, que je n'ai pourtant écoutée qu'une seule fois il y a un siècle de ça, elle invoquait « ce superbe et long suicide, cette chute dans le vide ». Impossible évidemment de retrouver le morceau dont sont issues ces paroles, car j'ignore son titre, mais depuis cent ans donc, cette phrase magnifique est imprimée dans ma mémoire. C'est tout ce qu'il me reste d'Andrée Simons, dont j'avais même oublié le nom.

N. B. : Un rapide coup d'œil sur les quelques lignes qui composent sa page Wikipédia m'informe qu'elle s'est suicidée à l'âge de trente-quatre ans.

Souillon

Est-ce une quille ou un glaçon ? Pour moi, *souillon* est bi. Mon premier souvenir du mot *souillon* remonte à mon année de CE1, dans la classe de Mme Gérard, qui l'utilisait copieusement pour rappeler à ce pauvre Yoann Ramette à quel point son cahier du jour était sale, ou son bureau taché, ou son cartable en désordre. « Yoaaaaaaan. Sooooouuuuuuillon ! »

J'ai tellement entendu cette phrase résonner contre les murs de notre salle de classe que j'en ai encore la mélodie en tête :

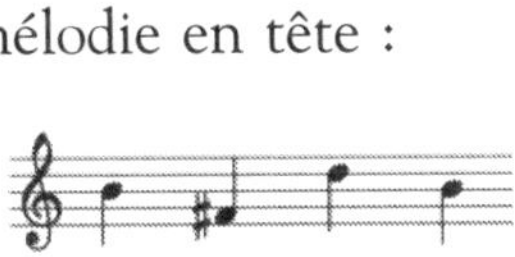

Mme Gérard ne chantait pas bien sûr, mais elle utilisait ce leitmotiv avec une telle ardeur et une telle constance qu'il était devenu pour moi un motif musical.

« Pomme poire pêche abricot nouille andouille », assénait-elle encore quand, désespérée par notre imbécillité, elle luttait contre l'envie de nous insulter plus ouvertement.

J'avais pour ma part hérité d'un joli sobriquet, si d'aventure mes lignes n'étaient pas droites ou si ma carte des fleuves et des affluents était mal coloriée. C'était « sans-goût ». Jusqu'à assez tard dans ma scolarité, j'ai cru qu'il s'agissait d'un animal, la sangoue, une sorte de femelle du sanglier, lointaine cousine du dahu. J'avais docilement accepté cette comparaison, même si les groins, quels qu'ils fussent, me faisaient un peu peur.

Mme Gérard ne manquait pas de vocabulaire et avait une manière bien à elle de veiller à la construction identitaire de ses CE1.

Plus tard, quand j'ai recroisé le mot *souillon*, j'ai toujours repensé à elle.

Alors dit-on un ou une souillon ? Le plus simple, c'est encore de le laisser sans genre et de lancer, inquisiteur : « Dis donc, souillon ? »

Son léger archaïsme me fait toujours son petit effet, plus encore que *sans-goût*, qui s'avère finalement assez peu usité.

Il faut dire que je suis moi-même assez souillon. Pas au quotidien, mais à un moment très précis : à 20 h 29, les soirs de tournée, quand je suis sur le point d'entrer sur scène. Ma loge est alors dans un état si indescriptible qu'on jurerait la tanière d'une sangoue. Et pourtant, une minute plus tard, je fais ma maligne.

Allez va, sangoue. Va dans ton habit de lumière venger les souillons de ton enfance !

Désencombrer

Alors que sa construction syllabique pour le moins martiale pourrait me faire fuir, le verbe *désencombrer* me procure instantanément une voluptueuse sensation de bien-être, fugace mais bien réelle. L'encombrement, c'est cet odieux fléau de notre civilisation qui frappe sans relâche et fait régner le chaos. Dès que reviennent les beaux jours et l'envie de grand air, je reprends conscience de mon horrible travers et formule mon projet de vie, mon objectif ultime : désencombrer mon intérieur.

Je suis un écureuil qui se rêverait coucou, une fourmi aspirante cigale. J'accumule, j'entasse, je conserve, en un mot j'encombre. Mais avec quoi encombres-tu, souillon ? Des bouquins par centaines, des BD par pelletées, des cahiers par dizaines, des perfectos plus qu'il n'en faut, des bottes par doubles paires, des coquillettes par containers. J'ai honte, mais je ne peux pas faire autrement. Résultat : ça déborde.

Par chance, une fois par an, je relis le très allégeant manuel de celle qui est passée maîtresse dans l'art de désencombrer, Dominique Loreau. Sachant mieux que quiconque « faire de l'espace chez soi » pour « faire de l'espace en soi », cette femme que j'admire manie l'art de l'essentiel[1] comme un principe de vie, dans sa façon aussi bien de se vêtir que de se nourrir, dans sa salle de bains comme dans son débarras. Je plaisante, bien sûr. Elle n'a pas de débarras, et si elle possède une cave, elle est certainement aussi clean qu'une salle d'opération. On n'y verra jamais une poussette hors d'usage cohabiter avec un vieux clavier, tandis qu'une étagère remplie à ras bord de DVD parfois sans leur étui s'affaisse contre une penderie sordide qui croule sous des fausses fourrures et des smokings blancs qu'on ne remettra jamais, et puis que dire de ces boîtes à chaussures pleines de pass de festivals, de ces coupures de presse qui moisissent, de cette PIERRADE abandonnée, ah c'en est trop ! Je vais m'évanouir ! Ou au moins soupirer, la tête envahie par toutes ces choses,

1. Dominique Loreau, *L'Art de l'essentiel*, Flammarion, 2008.

dont la seule évocation suffit à me fatiguer. Mais qu'on me débarrasse de tout ça, par pitié !

Chaque printemps, j'essaie donc de m'inspirer de Dominique Loreau, mais hélas, mes bonnes intentions ne durent jamais assez longtemps pour atteindre un niveau satisfaisant. Pourtant, j'en suis certaine, le désencombrement total m'irait à merveille. L'année prochaine je m'y mettrai vraiment.

Vampiriser

Certains mots sont tellement forts que le jour où on les rencontre ils peuvent changer notre vie.

Il était une fois une chanteuse. Un jour, une spectatrice fut si interpellée par ses chansons qu'elle lui écrivit. Elle s'exprimait très bien, leur échange prit rapidement la forme d'une amusante conversation et elles se rencontrèrent. Une relation se créa, la spectatrice était brillante, très intelligente et, grâce à une mémoire extraordinaire, n'oubliait rien de ce que lui confiait la chanteuse. On peut dire qu'elles devinrent amies, entremêlant leurs existences pourtant très différentes en une matière commune.

Les années passaient, la spectatrice prenait une place de plus en plus importante dans la vie de la chanteuse, faisant des amis de la chanteuse ses amis, des passions de la chanteuse ses passions, des musiciens de la chanteuse ses amants, de la vie de la chanteuse sa vie. Comme la spectatrice était toujours aussi brillante, intelligente et habile, la chanteuse ne parvenait pas à dénouer cette pelote de malaise qui commençait à lui serrer la gorge, et se disait en secret, tout en alimentant grassement cette amitié aux allures exceptionnelles, qu'il faudrait un jour, peut-être, que ça s'arrête. Mais à peine cette pensée l'effleurait-elle que la faible chanteuse se sentait coupable de vouloir rompre avec une personne si géniale, si hors du commun, si attachée à elle. Elle étouffait, mais elle était incapable de l'admettre. Parfois, quand la spectatrice venait chez elle, sa logorrhée était telle qu'elle suivait la chanteuse jusqu'aux toilettes pour ne pas interrompre le fil de son récit et le poursuivait à travers la porte. La chanteuse détestait ça mais ne disait rien. La situation devenait inextricable et la chanteuse pensait souvent : « C'est comme ça, je n'y peux rien, c'est pour la vie. » Quelle poisse.

Puis un jour, la spectatrice se tut pendant de longs mois. C'était très inhabituel et la chanteuse n'osa d'abord pas savourer cette tranquillité inattendue. Comme le silence dura, la chanteuse eut le loisir de s'interroger pour de bon sur ce qui la gênait tant et qu'elle ne pouvait dire. Elle tenta donc de mettre des mots sur ce qu'elle ressentait.

« Elle abuse. » C'était vrai, mais pas assez précis.

« Elle m'envahit. » Il s'agissait bien de cela, et la chanteuse l'avait déjà dit dans deux chansons pour alléger discrètement sa conscience, mais ce n'était pas encore assez éloquent.

« Elle s'immisce. Elle s'insinue. Elle se glisse dans les brèches. » On y était presque. Encore fallait-il ajouter à cette image d'infiltration un mouvement complémentaire : entrer, puis se servir.

« Elle me vampirise. » Voilà ! C'était exactement ça. Comme un vampire épuise sa victime en absorbant son sang, la chanteuse se sentait à bout, vidée de son essence par une relation de dépendance quasiment ininterrompue à laquelle elle s'était résignée.

Vampiriser est un verbe magnifique, effrayant, un carré parfait dans la moindre de ses syllabes. Il est vorace et vibrant grâce à son ouverture en V, sur les parois duquel on glisse jusqu'à une embouchure emprisonnante. *Vampiriser* est séducteur, enjôleur, c'est une vamp gracieuse et langoureuse qui s'étale en douceur, irrésistible. Il séduit, il prend le pouvoir, il règne. Un jour on le démasque et alors il faut fuir. C'est vital.

Volcan

À l'horizon rectiligne d'une conversation sans but, il arrive parfois qu'un mot fasse éclater la bulle policée du phatique. Il serait plus correct de parler de « la fonction phatique du langage », mais je n'ai aucune compétence en linguistique, alors on me pardonnera ce raccourci de gougnafier. Par *phatique*, on entendra donc les *Ça va ?* – *Ça va*, les salamalecs au ton machinal, les civilités de mer d'huile, les commentaires désabusés sur le réchauffement climatique ou sur la baisse inopportune de la température en plein mois d'août. Ces phrases sont sans surprise. Elles se laissent cueillir, s'accrochent à l'oreille comme des créoles en toc et glisseront du lobe au premier mouvement de tête pour finir oubliées entre deux coussins de canapé.

Le temps, beau ou mauvais, demeure le marronnier inévitable du phatique. C'est passionnant. Mais pour peu que le robinet d'eau tiède d'un bavardage météorologique prenne sa source sur un caillou tel que la Réunion (au hasard), l'affaire peut se révéler très excitante. Il n'y a plus de « Ça s'est radouci » qui tienne, on pénètre dans une autre sphère : le volcan s'est réveillé…

Le *vol* de *volcan* est presque un idéogramme. Un puits au col évasé, le V, un bouillonnant brasero, le O, une fontaine vers le ciel, le L. Et quand il se réveille, le volcan gronde la toute-puissance et le désir splendides. Un volcan, c'est la fertilité séminale qui explose sans retenue, c'est la nature, plus puissante que toutes les maltraitances humaines qu'on lui inflige depuis des siècles, qui crache à l'infini son dédain flamboyant pour les petits gâcheurs de notre espèce. C'est un monde rougeoyant qui banderait dur comme une jeune terre, tout en imposant sans discussion le respect dû aux ancêtres.

Dans le mot *volcan* il y a les innombrables geysers phosphorescents qui enflamment la nuit comme aucune prouesse pyrotechnique ne le pourra jamais, la fumée qui n'en peut plus d'épaissir le relief, et la coulée de lave qui n'en finit pas de bouillir et d'avancer comme un sauvage réseau de boas constrictors fluorescents. C'est lunaire, c'est prodigieux et, plus fort encore peut-être, c'est préhistorique. Face à un volcan en activité, on a la sensation furtive de contempler la planète telle qu'elle devait être il y a des millions d'années. Devant le spectacle de la lave en fusion, on sent quelque chose de primitif, de pur et d'incontrôlable.

Attrapons vite un Kinder Pingui avant qu'un tyrannosaure ne vienne fouiner dans le sac à dos et filons. Avant de rejoindre la voiture, adressons un dernier salut au volcan, et remercions-le pour le voyage que ses deux syllabes toutes simples vont nous permettre de refaire intérieurement, à la simple évocation de son nom. Soyons-lui reconnaissants pour le cadeau qu'il nous a fait, parce qu'en plus, tout ça c'est gratuit mon vieux !

Horizon

On dirait presque un verbe à l'impératif. Quand la pesanteur de l'air alourdit les épaules, qu'un brouillard grisâtre envahit le paysage et que le béton des villes ressemble à un vaste tombeau, imaginer, espérer ou regarder l'horizon, s'il est perceptible, est un vrai baume pour l'âme. Une moitié de ciel, une moitié de terre : la ligne qui se dessine agit comme une promesse. C'est sans doute une des choses qui me manquent le plus dans ma vie urbaine, depuis ma tanière juchée dans les étages de ciment. M'offrir la possibilité enivrante d'aller plus loin que mon champ de vision est un privilège que je ressens intensément quand je suis face à l'océan, face à une chaîne de montagnes, face à des prairies illimitées.

Maintenant que j'habite en ville
Un paysage sans jardins,

Je songe à ces anciens matins
Tout parfumés de marguerites[1].

Cette courte strophe de René Guy Cadou me serre le cœur et m'incite à y ajouter mon propre regret : une vallée sans horizon. Mais ça ne rime pas, et ça ne se fait pas. Qui sait d'ailleurs quel horizon pouvait bien se figurer René Guy Cadou, lui qui mourut à trente et un ans et s'appelait René Guy en souvenir d'un premier bébé, Guy, mort avant sa naissance ? Il vécut à quelques kilomètres de la maison où j'ai grandi et a toujours plané comme un fantôme familier sur les gamins des villages du coin, qui ânonnaient d'une seule voix sur un rythme binaire et irritant : « Je ME souVIENS du GRAND cheVAL qui PROmenait TÊTE et crinière[2]… » La finesse et le talent de Cadou étaient certes un peu massacrés par nos récitations mécaniques, mais il faisait partie de notre horizon poétique et a sans doute infusé dans nos imaginaires, laissant l'empreinte du sabot d'un grand cheval dans la mémoire d'une fillette rêveuse.

Horizon. Alors que se referme ce gentil petit glossaire, et puisque notre avenir est incertain, il

1. René Guy Cadou, « Les amis d'enfance », *Les Amis d'enfance, 14 poèmes inédits*, Maison de la culture, 1973.
2. *Id.*

m'est doux de répéter ce mot magique, en pensant au spectacle de la nature qui apparaît dans les aubes colorées des matins du monde et disparaît dans les crépuscules vert sombre. Tant que je verrai une ligne d'horizon, je marcherai vers elle.

REMERCIEMENTS

Sarah Casquet pour la finesse
Philippe Delerm pour l'impulsion
Seb Hoog pour le mot ultime
Baptiste Vignol pour le seul
et unique mot-valise
Cyril et Fanny Dion,
Aurélia Aurita, Mona Chollet,
Arnaud Cathrine
et l'esprit de Mémère Jannault.

Table

RÉALISATION : NORD COMPO À VILLENEUVE-D'ASCQ
IMPRESSION : NORMANDIE ROTO IMPRESSION S.A.S À LONRAI
DÉPÔT LÉGAL : OCTOBRE 2020. N° 141045 (2002737)
IMPRIMÉ EN FRANCE